사역과 제자도

사역과 제자도

초판 1쇄 인쇄 | 2018년 1월 26일
초판 1쇄 발행 | 2018년 2월 2일

저자 | 앤드류 머리
옮긴이 | 임은묵
발행인 | 강영란

편집 | 권지연
디자인 | 꽃피는청춘
마케팅 및 경영지원 | 이진호
펴낸곳 | 도서출판 샘솟는기쁨

주소 | 서울시 충무로 3가 59-9 예림빌딩 402호
전화 | 02)517-2045
팩스 | 02)517-5125(주문)
이메일 | atfeel@hanmail.net
홈페이지 | www.vivi2.net

출판등록 | 2006년 7월 18일
ISBN 978-89-98003-69-2(03200)

• 책값은 뒤표지에 있습니다.
• 잘못 만들어진 책은 바꿔 드립니다.

이 도서의 국립중앙도서관 출판예정도서목록(CIP)은 서지정보유통지원시스템 홈페이지(http://seoji.nl.go.kr)와 국가자료공동목록시스템(http://www.nl.go.kr/kolisnet)에서 이용하실 수 있습니다. (CIP제어번호 : CIP2018002336)

ECHOBOOK
6

사역과
제자도

샘솟는 기쁨

추천사

복음을 삶으로 살아내는 지혜

앤드류 머리(Andrew Murray)는 '19세기 남아프리카의 성자'라고 불리울 정도로 남아프리카의 가장 사랑받는 설교자였고, 탁월한 복음 전도자였습니다. 개인적으로 저는 앤드류 머리를 통하여 성경을 예수 그리스도의 마음으로 읽는 법을 배웠으며, 복음을 삶으로 살아내는 지혜를 얻었습니다.

이번에 출간되는 『사역과 제자도』는 선교사이면서 선교각성운동의 중심 인물이었던 앤드류 머리가 사역 현장에서 활동하는 이들과 사역자가 되기 위하여 준비하는 이들에게 너무나 소중한 잠언과 같은 교훈을 정리한 책입니다.

그의 글들이 가진 탁월함은 신앙의 핵심을 정확히 찾아서 너무나 이해하고 적용하기 쉽도록 풀어주고 있다는 점입니다.
특히 그 자신의 경건과 기도생활 가운데 직접 깨닫고 체험한 것을 담고 있기에 더욱 놀라운 깊이가 있으며 동시에 우리의 신앙생활과 직결되어 있습니다.

이 책에서 우리는 사역자들이 걸어가야 할 올바른 길을 발견할 수 있을 것입니다. 100년이 넘는 세월이 지났음에도 그의 교훈은 조금도 빛이 바래지 않고 더욱 깊은 감동으로 다가옵니다.

유기성 목사 선한목자교회 담임

저자의 말

전세계 사랑의 사역자들에게

이 책은 하나님 사역의 위대함을 사역자들에게 전하고자 기록되었습니다.

사역은 사람들이 하나님의 영광이 이르게 하고, 그 과정 속에 부르심과 허락하심이 무엇인지를 증명하는 일입니다. 우리가 성화됨과 동시에 증인으로 서야 하는 것입니다.

또한 하나님은 우리를 통해 일하십니다. 하나님의 사역은 그분의 영광이 이 땅에 이르고, 그분의 영광을 드러내는 일입니다. 하나님을 증거하는 것이 사역이며, 열심히 수고하면서 열매 없이 헛되게 된 이유를 깨우치기 바랍니다.

하나님의 일은 그분의 방법대로 그분의 능력으로 완수합니다. 그러므로 우리는 우리 안에 계신 성령의 능력으로 일하고, 우리의 눈이 밝을수록 하나님의 법칙에 순종할수록 사역의 기쁨은 더 확실하고 풍성할 것입니다.

수많은 그리스도인이 주님을 섬기는 일에 손가락 하나 까닥하지 않습니다. 그들은 하나님과 그리스도 안에서의 삶이 서로 사랑하고 하나님을 증거하는 것임을 이해하지 못합니다. 신실한 삶은 이외에 다른 방법으로 나타나지 않습니다.

그들이 어떤 상태에 놓여 있든지 하나님의 일을 위해 살아가는 것이 그분의 뜻임을 드러내고, 그리스도인 삶과 사역이 무엇인지, 하나님을 사모한다는 것 그것이 왜 필요한지, 어떠한 기쁨과 축복이 있는지 발견하기를 바랍니다. 그들 안에 역사하실 성령과 그리스도의 능력을 믿으시길 바랍니다.

위대한 사역자 하나님께서 진실한 동역자들을 보내시길 기도하면서, 교회와 선교회와 노방선교회, 주일학교와 YMCA, 학생선교회, 전세계에서 일하는 사랑의 사역자들에게 이 책을 바칩니다.

1901년 2월, 웰링턴에서 앤드류 머리

CONTENTS

012	chapther 01.	새 힘을 얻으리니
018	chapther 02.	너희는 세상의 빛이라
024	chapther 03.	오늘, 포도원에서 일하라
032	chapther 04.	깨어 있으라
040	chapther 05.	각각 그 재능대로
048	chapther 06.	나를 보내신 이의 일을 하리라
054	chapther 07.	내 안에 계시는 아버지께서 일하시니
062	chapther 08.	예수님보다 더 큰 사역을 하라
070	chapther 09.	선한 일을 위하여 지음 받은 자
078	chapther 10.	기쁘신 뜻을 위하여 행하게 하시나니
086	chapther 11.	이웃 사랑하기를 네 자신 같이
094	chapther 12.	하나님 아는 것을 자라게 하시고
100	chapther 13.	주 안에서 헛되지 않는 수고
108	chapther 14.	은혜를 넘치게 하시나니
116	chapther 15.	그리스도의 몸을 세우려 하심이라

124	chapther 16. 사랑 안에서 스스로 세우느니라
130	chapther 17. 오직 선행으로 하기를
138	chapther 18. 귀히 쓰는 그릇이 되어
144	chapther 19. 선한 일을 위해 온전히 갖추라
152	chapther 20. 선한 일을 하는 백성 되게
160	chapther 21. 선한 일 행하기를 준비하게 하라
168	chapther 22. 좋은 일에 힘쓰기를 배우라
176	chapther 23. 우리는 하나님의 동역자
184	chapther 24. 하나님 은혜의 선물을 따라
192	chapther 25. 약한 것들을 자랑하리니
200	chapther 26. 그 행하는 일에 복을 받으리라
208	chapther 27. 영혼구원의 사역
216	chapther 28. 죄 범하는 것을 보거든 구하라
224	chapther 29. 네가 한 일을 내가 아노라
234	chapther 30. 하나님이 영광을 받으시게 하라

하나님의 일을 한다는 것은
훌륭한 경건생활입니다.

- 앤드류 머리 -

일러두기

1 본문 성구는 개역개정입니다.
2 work는 성경의 번역과 문맥에 따라 '사역, 역사, 일, 행위' 등으로 번역했습니다.
3 이 책의 원서는 『Working for God』이며,
  저자의 저서 『Waiting on God』, 『Master's Indwelling』를 참고하였습니다.

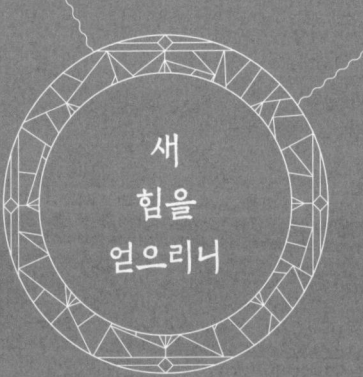

01

새
힘을
얻으리니

사역과 제자도

새 힘을 얻으리니

> 오직 여호와를 앙망하는 자는 새 힘을
> 얻으리니 독수리가 날개치며 올라감
> 같을 것이요 달음박질하여도 곤비하지
> 아니하겠고 걸어가도 피곤하지
> 아니하리로다 {사 40:31}

> 주 외에는 자기를 앙망하는 자를 위하여
> 이런 일을 행한 신을 옛부터 들은 자도
> 없고 귀로 들은 자도 없고 눈으로 본
> 자도 없었나이다 {사 64:4}

첫 번째 성구는 '앙망함'과 '사역'의 관계를 계시하고 있습니다. 앙망함 즉 주님을 사모함이 사역에 새 힘이 되고 지치지 않고 피곤하지 않게 사역하게 한다는 것입니다. 주님을 사모하면 새 힘을 얻습니다. 말씀을 사모하면 선한 일을 하고 싶고, 독수리가 날개치며 올라가듯 활기찹니다. 달려도 힘들지 않고 걸어도 피곤한 줄 모릅니다.

두 번째 성구는 그 힘의 비밀입니다. 하나님을 사모하는 자에게 하나님께서 일하신다는 점을 계시하고 있습니다. 무엇보다 먼저 "여호와를 앙망하는" 것이 그리스도인의 일이고, 하나님을 사모함이 사역의 뿌리이며, 그 열매가 사역이라는 교훈입니다. 이러한 조화와 일치 안에서 진리의 두 측면을 가슴에 품고 나아가기 바랍니다.

하지만 하나님을 사모한다고 하면서 하나님의 일을 하려고 하지 않습니다. 여러 이유가 있을 것입니다.

어떤 사람은 하나님을 사모하는 것(살아계신 하나님과 교제하는 삶)과 그분을 섬기는 것을 혼동합니다. 모든 일을 하나님께서 하실 거라고 기대하고 나태하게 기다리기만 합니다. 어떤 사람은 하나님을 사모하는 것을 삶의 위대함이라고 여기면서, 사모함의 근본은 이웃을 섬기기에 순종하고 준비해야 함을 이해하지 못합니다.

어떤 사람은 하나님을 사모하는 것만으로도 사역자로서 준비가 된 것이나 성령의 위대한 능력만 학수고대합니다. 이미 자기 안에 그리스도의 영이 계신다는 것과 작은 일에 충성하는 사람에게 더 큰 은혜가 있다는 것을 미처 알지 못합니다.

사역을 하고 있다면 더 큰일을 할 수 있다는 성령의 능력, 그 가르침을 기억해야 합니다. 이러한 그리스도인들은 하나님을 사모함이 사역에서 드러나고, 사역을 통해 하나님의 사랑을 아는 것이 축복입니다. 그리스도의 영적 능력이 함께하는 사역의 자리는 교회와 성도에게 유익이 있습니다.

바꾸어 말하면, 교회 안에 하나님을 사모함의 유익을 모르는 채 일하는 경우가 종종 있습니다. 그들의 사역은 목회자나 성도들의 요청에 순종하거나 그저 종교적인 믿음으로 열심히 하려고만 합니다. 하나님께서는 그들 안에 계신 성령의 능력으로 선한 일을 이루어 가신다는 것을 믿지 않습니다.

하나님의 아들 예수께서 오직 내 안에 계신 아버지께서 역사하셨다고 말씀하셨고, 자신의 힘으로는 아무것도 할 수 없다고 하셨습니다. 그들은 예수께서 아버지를 사모하는 삶을 사셨다는 것을 기억해야 합니다. 더 나아가 하나님께서 아들 예수 안에서 일하셨다는 것을 기억하기 바랍니다.

교회와 세상 사람들이 고난 중에 있는데, 수많은 성도들은 하나님의 일을 하지 않거나 하나님을 사모하지 않으면서 그저 일에만 열중합니다. 그러나 하나님을 사모함이 사역의 본질입니다.

그리스도의 몸, 지체들은 다양한 은사와 직업을 가지고 있습니다. 계중에는 질병으로 활동하기 힘들거나 개인사정으로 대부분

집안에서 생활해야 해서 하나님을 사모하는 시간을 더 많이 가질 수 있습니다. 한편 사역에 열중하는 사역자는 자칫 몸과 마음이 지치기 쉽고, 당연히 하나님을 사모하는 시간이 부족합니다. 서로 다른 경우의 그리스도인은 서로서로 부족한 것을 나누고 채울 수 있기를 바랍니다.

기도자는 분주해진 사역자와 연합하십시오. 일이 많아 분주한 사역자는 특권을 위임받은 기도자의 지지를 받으십시오. 그렇게 서로 연합할 때 건강한 사역이 이루어지는 교회가 됩니다.

그러면 하나님을 사모하는 기도자는 자연스럽게 사역자의 역할과 능력을 깨닫고, 사역자들은 하나님을 사모하는 것이 진정한 사역의 힘임을 인식하게 될 것입니다. 하나님을 사모하는 교회를 위해 하나님께서는 친히 역사하십니다.

Insight

❶ 그리스도인들은 하나님을 사모함을 사역에서 드러냅니다.

❷ 사역을 통해 하나님의 사랑을 아는 것이 축복입니다.

❸ 내 안에 있는 하나님의 생명으로 하나님의 역사를 이루십니다.

❹ 우리가 하나님을 사모하게 될 때 그 목적은 오직 한 가지입니다. 우리를 구원하신 하나님의 역사를 위해 일하게 하시려는 것입니다.

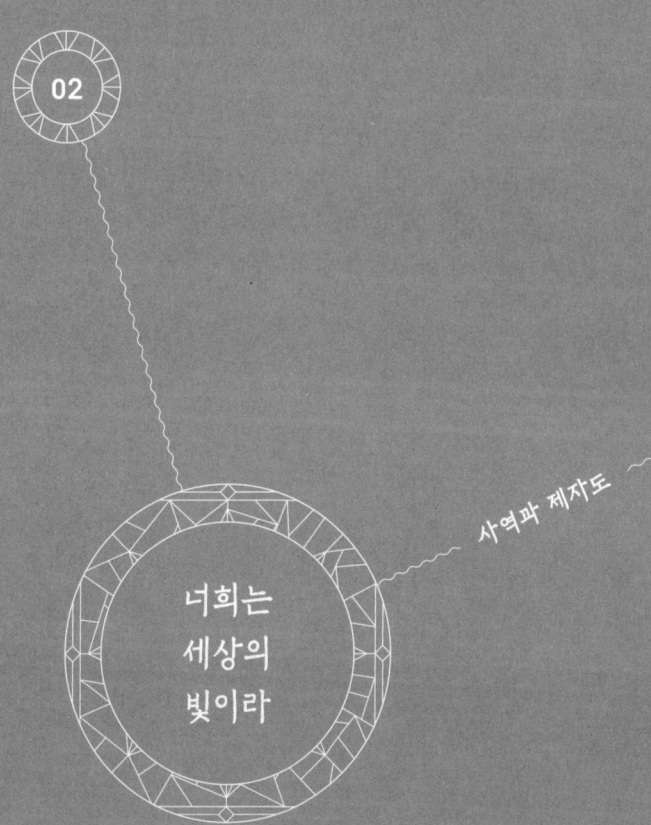

02

너희는 세상의 빛이라

사역파 제자도

너희는 세상의 빛이라

너희는 세상의 빛이라 산 위에 있는
동네가 숨겨지지 못할 것이요
사람이 등불을 켜서
말 아래에 두지 아니하고
등경 위에 두나니 이러므로
집 안 모든 사람에게 비치느니라
{마 5:14,15}

어둠 속에서 주변을 바라보려면 빛이 필요합니다. 태양은 세상의 어둠을 밝혀주고, 등불은 방안을 비추려고 높은 데 있습니다. 그리스도의 교회는 사람들에게 빛을 비추고, 세상의 신(神)은 사람의 눈을 어둡게 가리지만 그리스도의 제자는 어둠 속의 빛이어야 합니다.
빛의 광선이 태양에서 나와 천지를 비추듯이, 사역은 믿는 자를 통해 하나님을 알지 못해 멀리 떨어져 있는 어둔 곳을 정복하는 빛입니다. 선한 사역자에게 높고 거룩한 자리가 주어지고 특정한 능력이 주어지는 것은 사역이 삶의 빛과 번영과 기쁨이 되고, 잃어버린 영혼을 어둠에서 이끌어 빛 가운데로 인도하는 일이기 때문입니다.

사역자는 사람들의 복일 뿐 아니라 다음세대에 이르기까지 은혜를 베푸시는 하나님께 그들을 인도하고 영광을 돌려야 합니다. 사역을 성경이 말씀하는 대로 바라보기 바랍니다. 하나님의 구원사역을 알고, 주님의 말씀을 잘 듣기 바랍니다.

하나님의 영광을 드러내는 것이 사역의 목적입니다. 주님이 하나님께 어떻게 말씀하셨는지를 기억할 것입니다.

"아버지께서 내게 하라고 주신 일을 내가 이루어 아버지를 이 세상에서 영화롭게 하였사오니"(요 17:4)

주님이 기적을 행하셨을 때 하나님께 영광을 돌렸다고 기록되어 있습니다. 하나님께 영광을 돌린다는 것은 주님이 하나님의 능력으로 기적을 보이셨기 때문입니다.

사역은 우리를 정결하게 하며, 하나님께서 주시는 감동을 깨달을 때 하나님께 영광을 돌리고, 하나님 자녀로서의 삶, 곧 산상

수훈의 삶이 구체화되어 하늘 아버지께서 완전하신 것같이 완전하기를 간구하게 됩니다. 단순히 개종한 것으로 하나님께 영광 돌렸다기 보다 예비된 달란트로서 하나님께 기쁨이 되고 영광이 되기 바랍니다.

사역은 주님의 말씀이 전해지는 통로이며, 하나님의 진리가 증거되는 행위입니다. 온 세상은 하나님의 영광을 위해 창조되었고, 그리스도는 우리 죄를 대속하고 우리가 하나님께 영광돌리게 하려고 이 땅에 오셨습니다. 사역을 통해 그리스도의 빛을 비추어 그들을 하나님께로 인도하는 목적을 이루기 위해 살아가야 합니다.

선한 일이 이루어지지 않는다면 세상은 힘을 잃습니다. 태양 빛은 세상을 밝혀주는 의미이듯이, 하나님 자녀의 선한 일은 하나님을 알지 못하고 하나님을 사모하지 않는 이들에게 빛입니다. 거룩하고 신성한 표시인 사역의 바른 개념을 품고, 하나님의 살아계심을 시인하도록 능력을 갖추십시오.

요한복음은 그리스도께서 "그 안에 생명이 있었으니 이 생명은 사람들의 빛이라"(요 1:4)라고 했습니다. 하나님은 생명이며 빛입니다. 그리스도께서 제자들에게 "나는 세상의 빛이니 나를 따르는 자는 어둠에 다니지 아니하고 생명의 빛을 얻으리라"(요 8:12)라고 말씀하셨습니다.

그리스도는 우리의 생명이고 빛입니다. "너희의 빛을 비추어라"라고 하신 말씀의 의미는 너희 안에 계신 그리스도께서 빛을 비추시도록 하라는 것입니다.

사역은 그리스도의 생명의 능력으로 행하듯이 그 빛은 당신을 바라보는 사람들에게 비칩니다. 그 빛은 당신 안에 계신 그리스도의 빛이기에 사역이 미약하고 보잘것없더라도 전능하심에 대한 믿음을 가져다줄 것입니다. 당신 안에서 역사하는 전능하심의 크기는 사람들 속에서 역사하시는 능력의 크기입니다.

하나님의 자녀여, 당신 안에 계신 그리스도의 빛을 비추도록 길을 예비하십시오. 그리하면 믿지 않은 이들도 당신의 선한 사역을 따라 하늘에 계신 하나님께 영광을 돌릴 것입니다.

태양이 매일 빛을 비추는 것만큼 성도가 자신의 빛을 사람들에게 비추는 것이 필요합니다. 세상의 빛으로서 생명의 말씀을 세상에 전하는 것이 우리가 그리스도 안에서 새롭게 창조된 이유입니다. 그리스도께서는 당신을 통해 그분의 빛이 비치기를 긴급하게 기다리십니다.

주위에 사람들이 죽어가면서 하나님께 가는 길을 찾고 있다면, 지금 그들에게 당신이 비추는 빛은 소중합니다. 하나님께서는 당신을 통해 그분의 영광이 드러나기를 원하십니다. 등불이 방 전체를 밝히기 위해 자신을 태우듯이 어두운 세상에 빛이 되기 위해서 헌신하시기 바랍니다.

Insight

❶ "너희는 세상의 빛"이라고 하신 말씀은 교회의 소명입니다. 교회의 임무는 사역자가 이웃을 사랑하고 그들을 위해 살아가는 것에 의해 완수됩니다.

❷ 교회를 깨워서 세상 사람들에게 전도하도록 하기 위해 사역자마다 삶의 기준을 높여야 합니다. 양초는 어둠에 빛을 비추기 위해 존재하는 것같이 사역자는 사람들에게 빛을 비추기 위해 존재합니다.

❸ 성령으로 하나님의 생명의 빛과 사랑을 영혼들에게 비추는 삶을 살도록 계시하시기를 기도하십시오.

03

오늘, 포도원에서 일하라

사역파 제자도

오늘,
포도원에서 일하라

얘 오늘 포도원에 가서 일하라
{마 21:28}

아버지에게 두 아들이 있었습니다. 그는 두 아들에게 포도원에서 일하라고 했습니다. 하지만 한 아들은 포도원에 갔으나 한 아들은 가지 않았습니다. 하나님께서는 자녀들이 당신의 포도원에서 일하도록 능력을 주셨으며 가르치셨습니다.

하나님의 포도원은 세상입니다. 하나님의 자녀 중 대다수가 하나님의 일을 하지 않기에 세상은 멸망하고 있습니다. 예수님이 이 땅에 오신 지 1,800년이 지났으나 인류의 과반수가 하나님 아들의 이름을 알지 못합니다. 이것이 무슨 의미인지 살펴보십시오.

전능하신 창조주 하나님은 죄로 인하여 파괴된 것을 회복하기 위해 아들을 세상에 보내심으로써 사랑을 증거하셨고, 생명과 구원을 주셨습니다. 그리스도께서 제자들이 구원받은 백성이 되게 하시고 형언할 수 없는 기쁨을 주셨기에 제자들이 구원의 소식을 전하는 세상의 빛이 될 수 있었습니다.

주님은 우리 모두가 소명을 받았다는 것을 믿어야 한다고 말씀하십니다. 주님은 만민에게 복음을 전파하고 모든 민족이 주님의 명령을 지키고 가르치라고 분명하게 지시하고 이 땅을 떠나셨습니다.

또한 주님은 사역자의 능력이 주 안에 있다는 것, 주님이 사역자들과 항상 함께하신다는 것, 사역자들이 성령의 능력으로 세상 끝날까지 복음을 전하게 되리라고 말씀하셨습니다.

그러나 어떤 결과입니까? 전세계 2/3의 인구가 예수님의 이름을 듣지 못했습니다. 나머지 1/3의 과반수는 마치 복음을 한 번도 듣지 못해 무지한 상태로 살아갑니다. 이것이 무엇을 의미합니까?

사역자는 기독교인이든 이교도이든 죽어가는 수백만의 영혼이 예수 그리스도와 그분이 베푸는 구원에 이르는 데 관심을 두어야 합니다. 사역자는 주님이 주신 권한이 무엇인지 알고 있습니다. 그러므로 구원은 사역자가 주님을 어떻게 아는지에 의해 좌우됩니다.

그분은 죄와 불행 가운데 살던 이들이 변화되어 거룩한 순종과 샘솟는 기쁨을 누리도록 기대하십니다. 그리스도는 그들에게 있는 권한으로 주님께 나아오고 주님 안에서 복음을 전할 때 기뻐하십니다.

주님의 기쁨은 주의 자녀가 그들을 인도하여 하나 되게 하는 사역에 달렸습니다. 그러나 주의 자녀들이 그 필요를 안더라도 할 일을 하지 않습니다. 이것이 무엇을 의미하는지 숙고하십시오.

교회의 상황을 왜 보여줄까요? 성도들 중에 많은 사람들이 믿지 않는 동료에게 그리스도를 전하지 않습니다. 그저 하찮은 일에 열중하고 그 일마저 그리스도를 전하는 데는 비효율적입니다. 주의 일을 하면서 마음을 다하지 않습니다. 그래서는 주님의 일에 헌신했다고 할 수 없습니다.

그 외에 자신을 헌신하여 그리스도를 섬기는 성도들 대부분은 교회 안의 병든 자와 약한 자들을 가르치는 '병원사역'에 집중되어 있습니다. 진취적이고 창의적인 사역이나 세상을 향해 나아가는 복음의 열정은 현저히 줄었습니다.

그러므로 사역자와 교회를 세우는 일은 지속적이어야 하는 것은 죽어가는 수백만의 영혼에게 생명을 주고 빛 가운데 이르도록 해야 하기 때문입니다. 다음 질문처럼 교회를 향해 다급하고 강렬한 질문은 없을 것입니다.

- 성도에게 있을 거룩한 소명을 일깨우는 것은 무엇일까요?
- 성도가 하나님을 위해 무엇을 해야 하는지 깨닫게 하는 것은 무엇일까요?
- 하나님의 일을 성취하도록 자신을 도구로 드릴 수 있게 하는 것은 무엇일까요?
- 복음을 전하는 일이 삶의 유일한 목표가 되게 하는 것은 무엇일까요?

수많은 그리스도인이 하나님 나라를 위한 열정이 부족하다고 지속적으로 말하는 것은 무익한 불평입니다. 혁신하는 부흥이 필요하고, 헌신하는 성도를 일으켜야 합니다. 진리가 선포되고 받아들여지지 않는다면 진정한 변화가 일어나지 않습니다. 성도들이 하나님을 섬기는 사역자로서 살아가야 하는 것은 하나님 나라의 법칙입니다.

두 아들에게 포도원에서 일하라고 부른 아버지는 두 아들이 할 일을 그들이 선택하도록 하지 않았습니다. 그들은 아버지 집에서 사는 자녀이기에 아버지는 두 아들이 당연히 시간과 노력을 들여 할 일을 하리라고 여깁니다.

Insight

❶ 사명을 불러일으키는 감동이 적은 이유는 무엇일까요? 주님에 대한 헌신과 순종이 진정한 구원의 본질임을 깨닫지 못했기 때문입니다. 사역자들에게는 이들에게 복음 전파의 명령이 부여되었습니다.

❷ 그리스도인의 특징 중에 믿음이 부족하면 사역에 관심이 없습니다. 사역을 한다는 것은 하나님 나라를 위해 자기자신을 드리는 것을 소명으로 알고 이를 선포하는 것을 가장 큰 목적으로 삼습니다. 마찬가지로 복음을 전하는 교회는 성령의 능력을 구하고 그 능력에 헌신합니다.

❸ 모든 사람이 모든 시간을 선교하거나 사역을 할 수 없습니다. 하지만 소명자는 주변 환경이 어떠하든지 온 마음으로 한 영혼을 위해 하나님 나라를 전합니다.

주님의 기쁨은
주의 자녀가 그들을 인도하여
하나 되는 사역에 달려 있습니다.

- 앤드류 머리, 26쪽 중에서 -

04

깨어 있으라

사역과 제자도

깨어 있으라

> 가령 사람이 집을 떠나 타국으로 갈 때
> 그 종들에게 권한을 주어
> 각각 사무를 맡기며
> 문지기에게 깨어 있으라 명함과 같으니
> {막 13:34}

    지금까지 교회가 주님이 맡긴 사역에 대해 태만하지 말 것과 성도는 주님의 사명을 수행해야 한다는 것을 강조했습니다. 그렇다면 묻겠습니다.
"교회의 부르심을 성도가 바르게 인식하는 방법은 무엇입니까?"
이 책에서 대답하고자 합니다. 하나님의 사역은 예전에 그리스도의 제자들을 가르치고 훈련했던 방법보다 훨씬 더 명확하고 적절해야 합니다. 이 질문의 답을 얻으려고 하던 중에 한 위대한 교육자의 생애와 저서가 도움이 되었습니다.

그의 전기 서문의 첫 문장입니다.

"에드워드 스링(Edward Thring)은 당시 영국의 교육자 중 확실히 구별되는 창의적인 인물이었습니다."

그는 자신의 능력과 성공의 요인은 몇몇 단순하고 탁월한 원리였고, 그 원리를 가르치려고 희생을 아끼지 않았던 진정성이라고 말했습니다.

나는 스링의 원리들이 설교나 교육사역에 동일하게 적용될 수 있다는 것을 발견했습니다. 그 원리는 이 책의 몇몇 주요 내용을 이해하는 데 도움이 될 것입니다.

당시 스링의 가르침과 일반적인 가르침을 구별하는 근본 원리는 '학교에 다니는 소년 중에 최하 열등생이나 최고 우등생이나 동일한 관심을 받아야 한다'는 것입니다. 스링이 공부하던 이튼대학교를 떠난 이유는 정반대로 교육하는 폐해를 보았기 때문입니다. 그 학교는 대다수 학생을 방치하면서 최고의 장학금을 준다고 해서 몇몇 학생들이 경쟁하게 하는 교육법으로 학교의 명성을 지키려고 했습니다.

그는 이 교육법은 옳지 않다고 주장했습니다. 학생 모두에게 동일한 관심을 두지 않는 학교에 진리가 있을 수 없다는 것입니다. 학생들은 저마다 몇몇 재능을 가지고 있습니다. 학생의 특성에 관심이 필요합니다. 학생은 저마다 관심과 지도를 받을 때 인생의 사명이 무엇인지를 알고 사명을 성취할 능력을 갖출 수 있습니다. 스링의 이 원리를 교회에 적용하십시오.

교회에서 가장 약한 사람이나 가장 강한 사람이나 성도는 살아가면서 주님의 나라를 위한 사역의 소명을 받았습니다. 성도는 사역에 필요한 은사에 따라 성령의 은혜와 능력을 가질 수 있는 동일한 권리가 있습니다.

또한 성도는 주님이 요구하는 사역을 성취하고자 교회의 가르침과 도움을 받을 수 있습니다. 가장 연약한 성도라고 해도 하나님의 일꾼으로 훈련받을 때 진리가 그들을 진정한 위치에 있게 할 것입니다. 그렇게 되어야 교회가 사명을 완수합니다. 주님은 성도마다 사역을 주셨고, 누구도 제외하지 않습니다.

스링은 그의 원리 중에 '사역이 즐거운 것은 자연의 법칙'이라고 했습니다. 사역을 강제로 하는 것이 아니라 자발적인 것임을 기억하십시오. '학생'이기에 그들의 눈을 가리지 말고 왜 사역을 해야 하는지 보여주십시오. 무엇이 가치 있는 일인지, 사역할 때 어떤 관심이 일어나는지를 깨닫게 하십시오. 사역할 때 어떤 즐거움을 느끼는지를 보여주십시오.

여기에 복음의 사람이 추수할 밭이 있습니다. 그는 그리스도의 제자들로부터 복음을 받아들인 사람입니다. 그 앞에 사역의 위대함과 영광, 신성함과 축복을 드러내어 임무를 완수하십시오. 하나님의 뜻을 따르는 것과 하나님의 인정을 받는 것이 얼마나 가치 있는지를 보여주십시오.

사역자는 죽어가는 사람의 구조자이며 은인이어야 하며, 고귀한 성품인 영성을 발전시켜 그리스도 형상을 닮는 희생정신을 발휘해야 합니다.

특히 스링이 강조한 세 번째 진리는, 사역의 목적을 이루려는 가능성과 성취에 대한 믿음을 가져야 한다는 것입니다. 그 목적은 많은 지식을 갖게 하는 것이 아니고, 누구든지 배울 수 있는 것도 아닙니다. 자신 안에 있는 능력을 끌어내어 촉진하는 것입니다. 이것이 참 교육입니다.

만약 관찰 능력이 있다면 그에 대한 가르침을 받아 성장하여, 지금까지 미처 알지 못한 능력과 성취의 원천을 발견한다면 새로운 삶을 살아가면서 그가 속한 곳에 새로운 의미를 부여하게 될 것입니다.

이것이 참교육의 법칙이고 축복이라면, 그리스도 교회의 교사와 목회자에게 빛이 비치고 있음이 분명합니다.

"당신은 성경을 알지 못하십니까?"
"당신은 하나님의 성전입니다."
"당신 안에 그리스도가 계십니다."
"당신 안에 성령이 거하십니다."

이 말씀들에서 새로운 의미를 얻으십시오. 이 말씀들이 마음속에 자각되어야 합니다. 바로 그리스도인 안에 역사하시는 그 능력을 믿어야 한다는 것을 가리키고 있습니다.

사역의 완수가 얼마나 가치 있고 영광스러운 것인지를 깨닫고, 선한 일을 잘 수행할 수 있다는 것을 믿고, 사역자 안에 역사하시는 성령의 능력을 안다면, 선한 일에서 확실하게 새 생명을 깨닫게 됩니다.

뿐만 아니라 매일 사역을 향해 나아갈 때 생각하지 못한 무한한 영광과 능력을 얻으며, 빛 가운데 기쁨이 충만하여 끝없는 히늘나라의 주인이 될 것입니다.

Insight

❶ 작은 자의 힘, 성도의 가치가 무엇이고, 믿는다는 것이 무엇인지 배워야 합니다. 우리가 각각 구원받는 것같이 우리는 사역을 위해 각각 훈련받아야 합니다.

❷ 그리스도를 위해 사역을 한다는 것이 당연하다는 것을 믿어야 합니다. 사역은 세상의 자연이 주는 기쁨과 경이로움처럼 영적인 기쁨을 준다는 것을 믿어야 합니다.

❸ 성도는 자기의 본분대로 유능한 사역자가 될 수 있다는 것을 믿어야 합니다. 한 영혼에 대한 사랑으로 충만하고 그 영혼을 위해 기도하시기를 바랍니다.

하나님의 사역은 예전에
그리스도의 제자들을 가르치고 훈련했던 방법보다
훨씬 더 명확하고 적절해야 합니다.

- 앤드류 미러, 32~33쪽 중에서 -

각각 그 재능대로

사역파 제자도

05

각각
그 재능대로

> 또 어떤 사람이 타국에 갈 때
> 그 종들을 불러
> 자기 소유를 맡김과 같으니
> 각각 그 재능대로
> 한 사람에게는 금 다섯 달란트를,
> 한 사람에게는 두 달란트를,
> 한 사람에게는 한 달란트를 주고
> 떠났더니 {마 25:14,15}

주님의 가르침 중에서 '달란트 비유'는 종들에게 맡긴 사역에 대해 가장 교훈적입니다. 그분은 종들에게 교회를 돌보라고 분부하신 후 이 땅의 사역을 마치고 하늘로 올라가시리라는 것과, 모두에게 할 일과 함께 은사를 주겠다고 말씀하셨습니다. 또한 이자와 함께 원금을 돌려받기를 원한다는 것과 가장 작게 달란트를 받은 종의 태만, 그로 인해

지독한 태만으로 이끌리게 된 것이 무엇인지를 말씀하셨습니다.

"또 어떤 사람이 타국에 갈 때 그 종들을 불러 자기 소유를 맡김과 같으니"

이 말씀은 실제로 주님이 하신 일입니다. 그분은 사역과 재물을 교회에 맡기고 하늘로 올라가셨습니다. 그분의 재물은 그분 은혜의 풍성함이고, 천국에서 누릴 영적 축복이며, 그분의 말씀이며, 성령의 말씀이며, 하나님 보좌에 있는 생명의 능력입니다.

이 모든 것을 종들로 하여금 주님의 사역을 세상에 전하도록 위임하셨습니다. 그들은 주님이 시작한 사역을 수행해야 합니다.

부유한 상인이 런던에서 거주하려고 케이프타운을 떠날 때 신뢰하는 종들에게 사업을 맡기는 것처럼, 주님은 자기 백성을 불러 협력하게 하고 이 땅에서 행한 주님의 사역을 그들에게 맡기셨습니다. 그들이 태만하게 하면 주님의 일을 망치고, 그들이 부지런히 하면 주님의 일은 왕성할 것입니다. 여기에 기독교 사역의 원리가 있습니다. 그리스도는 하나님 나라를 확장하기 위해 자기 백성의 충성을 요구하셨습니다.

"각각 그 재능대로 한 사람에게는 금 다섯 달란트를, 한 사람에게는 두 달란트를, 한 사람에게는 한 달란트를 주고"
비록 그들에게 각기 다른 분량의 금이 주어졌다고 해도 주인 재산의 일부분을 받은 것입니다. 이것은 각 사람에게 주신 그리스도의 은사에 따라 풍성하게 주어진 은혜를 서로 나누는 사역과 연관이 있습니다. 성도는 누구나 예외 없이 세상 사람들을 그리스도께 인도하는 사역을 감당하기 위해 세워졌습니다.

그리스도는 포도원 주인의 아들이었으며, 타국으로 떠나는 주인의 종이셨습니다. 성도는 하나님의 자녀이고, 하나님의 종입니다. 아들이 아버지의 종이 되어 아버지의 일을 위임받는 것은 가장 큰 영광입니다. 성도가 하나님 나라를 위해 사역자가 되는 한 가지 목적을 깨닫지 못하면 가정사역은 물론 해외선교사역도 완수되지 않습니다.

달란트 비유에서 종들에게 주어진 첫 번째 의무는 주인에게 이득이 되기 위해 자신의 인생을 사용하라는 것입니다.

"오랜 후에 그 종들의 주인이 돌아와 그들과 결산할 새"(마 25:19)
그리스도는 이 땅에 두고 가신 사역을 지켜보십니다. 그분의 나라와 영광은 이 사역에 달려 있습니다. 그분이 세상을 심판하러 다시 오셔서 결산하는 것이 아니라 종들이 사역을 어떻게 하고 있는지를 지속적으로 바라보십시오.

주님은 종들의 사역을 허락하고 격려하며, 잘못된 것을 바로잡고 훈계하기 위해 다시 오십니다. 그리고 말씀과 성령을 의지해서 달란트를 부지런히 사용했는지를 고백하라고 하십니다.

주님에게 헌신하는 종은 그분의 사역을 위해 살아갑니다. 그래서 주님은 그들이 부지런히 일하는 것을 보고 "네 주인의 즐거움에 참여할지어다"라고 말씀하신 것입니다.

주님은 용기를 잃은 사람에게 새 소망이 일어나도록 격려하고, 자기 힘으로 애쓰며 일하려는 사람을 꾸짖으며, 일하지 않고 잠자면서 달란트를 땅에 묻어놓은 사람에게는 "그에게서 그 한 달란트를 빼앗아 열 달란트 가진 자에게 주라"고 경고하십니다.

그리스도의 마음은 선한 일에 있습니다. 가장 집중하면서 지켜보실 것입니다. 주님을 실망하게 하거나 자기자신을 속이지 않기를 바랍니다.

"주인이여 당신은 굳은 사람이라 심지 않은 데서 거두고 헤치지 않은 데서 모으는 줄을 내가 알았으므로 두려워하여 나가서 당신의 달란트를 땅에 감추어 두었었나이다"(마 25:24,25)

한 달란트를 받은 사람은 주인의 명령을 불순종했기에 호되게 혼나면서 엄중한 교훈을 얻습니다. 이 말씀은 교회가 연약한 성도 곧 한 달란트 받은 자들을 가르치는 일을 함부로 여겨 은사를 사용하지 못한다는 점을 지적하고 있습니다.

가지마다 열매를 맺어야 한다는 위대한 진리를 가르칠 때 믿음이 강하고 성숙한 그리스도인만이 열매를 맺을 것이라는 위험한 생각이 도사리고 있습니다. 진리가 학교를 다스린다면 최저 열등생이나 최고 우등생이나 동일한 관심을 받습니다.

믿음이 약한 그리스도인은 특별 훈련을 받아야 합니다. 그렇게 될 때 그들도 주님을 섬기는 일에 즐거이 동참하고 사역을 통한 축복을 누릴 수 있습니다. 그리스도의 사역이 완수되어야 한다면 누구도 이 사역에서 제외되어서는 안 될 것입니다.

"주인이여 당신은 굳은 사람이라… 두려워하여"(마 25:24)

하나님을 섬길 때 그분을 '완고한 분'으로 본다면 하나님에 대해 잘못된 생각입니다. 그런 생각은 사역을 실패로 돌아가게 하는 주요 원인입니다. 교회가 한 달란트 받은 연약한 성도들, 곧 연약하여 용기를 잃기 쉬운 성도들을 보살피고자 한다면, 은혜의 충만함이나 이루시는 확실성에 대해 하나님께서 뭐라고 말씀하셨는지를 가르쳐야 합니다.

Insight

❶ 불신은 게으름의 뿌리에 연결되어 있습니다. 믿음은 하나님을 섬기는 축복과 충분히 예비하심과 풍부한 선물을 바라보도록 눈을 열어줍니다.

❷ 그리스도께서는 교회의 연약한 성도들을 훈련함으로써 구원받은 성도들이 모두 주님의 사역을 하기를 기대하신다는 것을 알게 하십시오.

❸ 이것이 참 기독교이고, 여기에 충만한 구원이 있습니다.

성도는 누구나 예외없이
세상 사람들을 그리스도께 인도하는
사역을 감당하기 위해 세워졌습니다.

- 앤드류 머리, 42쪽 중에서 -

나를 보내신 이의 일을 하리라

사역파 제자도

나를 보내신 이의 일을 하리라

예수께서 이르시되 나의 양식은
나를 보내신 이의 뜻을 행하며
그의 일을 온전히 이루는 이것이니라
{요 4:34}

나를 보내신 이의 일을 우리가
하여야 하리라 {요 9:4}

아버지께서 내게 하라고 주신 일을
내가 이루어 아버지를 이 세상에서
영화롭게 하였사오니 {요 17:4}

사역은 실제로 존재의 고귀한 모습이며, 하나님의 존재가 가장 고귀하게 드러나는 현장입니다. 성경 본문에 기록된 복되신 주님의 말씀을 주의 깊게 읽으십시오. 그분의 사역 안에 어떤 하나님의 영광이 있는지를 바라보십시오.

그리스도는 사역을 통해 자신의 영광과 아버지의 영광을 보여주십니다. 주님이 한 사역을 통해 아버지께 영광을 돌리셨듯이 주님은 하늘에 계신 아버지의 영광에 참여하실 것을 바랍니다.

주님은 제자들의 기도에 응답하심으로써 더 큰 사역들을 이루게 하신 것은 아버지께서 영광받으시도록 한 것입니다. 사역은 실제로 존재의 고귀한 모습이며 아버지와 아들 안에 있던 하나님 영광을 드러내는 행위입니다.

하나님께 진리는 피조물에게도 진리입니다. 생명은 운동하고 활동합니다. 생명은 자기가 이루는 것에 의해서 드러납니다. 육체의 생명과 지성, 도덕, 영적 생명(개인의, 사회의, 국가의 생명)은 각각 사역에 의해 판단됩니다.

생명이 사역에 종속되듯이 사역의 특성과 성격은 생명에 종속됩니다. 바꾸어 말하면, 생명은 사역에 종속된다는 것입니다. 이것이 없으면 생명의 전적인 발전과 드러냄과 온전함이 있을 수 없습니다. 사역이 그러하듯이 생명도 그러합니다. 특히 영적 생명에 대해서 이것은 진리입니다.

영적 생명은 우리 안에 있는 성령의 생명을 일컫습니다. 사람들은 외적 활동과 더불어 의지와 수고의 산물로서 종교적 사역을 대대적으로 할 수 있습니다. 그러나 종교적 사역에는 진정한 가치와 힘이 없는데, 이는 하나님의 생명이 약하기 때문입니다. 성도가 그리스도께서 자기 안에 살아 계신다는 것을 알지 못하면 성령을 알지 못하고, 자기 안에 하나님의 능력이 역사하는지도 알 수 없습니다.

그들에게 열심과 부지런함이 있을지라도 영원히 남는 열매가 없습니다. 이와는 달리 우리에게 연약함과 부족함이 있을 수 있지만, 그 결과는 생명이 하나님으로부터 비롯된다는 것을 증명하고 있습니다.

사역은 생명에 종속됩니다. 생명은 성장하고 온전해지기 위해 사역에 종속됩니다. 모든 생명에는 하나님의 뜻이 있습니다. 사역이 없는 생명은 목적을 이룰 수 없습니다. 생명은 사역으로 인하여 온전해지고 생명의 본질과 능력의 고귀함은 사역을 할 때 보여집니다.

사역은 생명의 감추어진 아름다움과 하나님의 가능성을 드러내는 위대한 요소입니다. 성부와 성자와 성령께서 우리 안에 거하시는 것같이, 사역은 생명을 가장 고귀하게 드러내는 것입니다. 사역은 생명의 존재를 나타내주는 고귀한 형식의 행위입니다. 그러므로 사역은 하나님께서 그리스도인의 생명에 대해 계획하신 원래의 자리로 돌아가게 합니다.

사역은 성도에게 생명을 완전하게 나타내주는 유일한 것이고,

하나님 안에서 생명의 온전함이 무엇인지를 배워야 합니다. 사역이 우리에게 고귀한 영광이며 우리의 삶에 고귀한 영광입니까? 만약 사역이 삶에 고귀한 영광이 된다면 이를 기억해야 합니다.

사역을 처음 시작할 때 그 영광이 임할 수 있습니다. 특히 이에 대해 관심을 두지 않은 사람들은 사역을 어떻게 할까 하고 기도하고 목표를 정하지만 실제로 실행하지 못하도록 만드는 유혹이 얼마나 큰지를 인식하지 못합니다. 생각보다 마음에 품기가 쉽고, 말하는 것보다 생각하기가 쉽고, 행하는 것보다 말하기가 쉽습니다.

우리는 하나님의 뜻을 듣고 받아들이고 존중해야 하며, 그렇게 할 것이라고 기도로서 고백해야 합니다. 그러나 실제로 그렇게 하지 않습니다. 우리가 받은 은혜의 분량으로 더욱 기도하며 하나님의 일꾼으로서 소명을 감당하며 그분을 위해 열심히 일합시다. 이제 행함은 최상의 스승임을 알게 되었습니다. 만약 어떤 방법을 알기 원한다면 지금 시작하십시오. 그리고 나면 앞서 언급한 것의 필요성을 느끼게 됩니다. 더불어 사역을 위해 그리스도 안에 있는 충만한 은혜가 무엇인지를 이해하게 될 것입니다.

Insight

❶ 생명과 사역이 나뉘는 것에 주의하십시오. 사역이 많아질수록 사역은 더 많이 실패할 것입니다. 사역을 위해 부적절하다고 느낄수록 더 많은 시간을 내서 하나님과 친밀하게 교제함으로써 내적 생명을 새롭게 하십시오.

❷ "내 안에 그리스도께서 사시는 것이라"는 말씀은 기쁨과 소망의 비밀이며, 사역을 위한 능력의 비밀입니다. 생명에 관심을 가지십시오. 그리하면 생명이 사역을 위해 관심을 두게 될 것입니다. 성령으로 충만하십시오.

07

내 안에 계신
아버지께서
일하시니

사역과 제자도

내 안에 계신
아버지께서 일하시니

예수께서 그들에게 이르시되
내 아버지께서 이제까지 일하시니
나도 일한다 하시매 {요 5:17}

내가 아버지 안에 거하고 아버지는
내 안에 계신 것을 네가 믿지 아니하느냐
내가 너희에게 이르는 말은
스스로 하는 것이 아니라 아버지께서
내 안에 계셔서 그의 일을 하시는 것이라
{요 14:10}

예수 그리스도는 진정한 사람이 누구인지, 하나님께서 그 안에 거하고 역사하시는 것이 무엇을 의미하는지, 그리고 그가 생명과 사역을 어떻게 하나님 안에서 발견하는지를 보여주시기 위해 사람이 되셨습니다.
성경 본문이 말씀하는 것같이 주님은 생명의 영적 신비를 열어주시고 사역의 가장 깊은 비밀과 본질을 밝히 보여주십니다. 주님은 아버지를 대신하여 일하기 위하여 이 세상에 오신 것이 아닙니다. 아버지께서 영원히 일하고 계십니다.

"내 아버지께서 이제까지 일하시니"
그리스도의 사역은 하늘에 계신 아버지께서 일하시는 것에 대한 반영이며 열매입니다. 사역은 단순히 아버지께서 하시고자 뜻하신 일이나 이미 행하신 일을 보고 모방하신 것이 아닙니다.
"아버지께서 내 안에 계셔서 그의 일을 하시는 것이라"
그리스도는 사역을 자기 안에 거하고 역사하신 아버지의 능력으로 행하셨습니다. 그분은 아버지를 실제로 완전히 의지하셨다는 것을 유대인들에게 설명하셨을 때 다음과 같이 강한 표현들을 사용하셨습니다.
"아버지께서 아들을 사랑하사 자기가 행하시는 것을 다 아들에게 보이시고 또 그보다 더 큰 일을 보이사 너희로 놀랍게 여기게 하시리라"(요 5:19)
"내가 아무 것도 스스로 할 수 없노라 듣는 대로 심판하노니 나는 나의 뜻대로 하려 하지 않고 나를 보내신 이의 뜻대로 하려 하므로 내 심판은 의로우니라"(요 5:30)
주님은 "나를 떠나서는 너희가 아무것도 할 수 없느니라"라고 말씀하신 것은 우리에게 진리이듯이, 주님도 역시 아버지를 떠나서 아무것도 할 수 없었다는 것은 진리입니다.

"아버지께서 내 안에 계셔서 그의 일을 하시는 것이라"
예수 그리스도는 진정한 사랑이 무엇인지, 인간과 하나님 사이의 진정한 관계가 무엇인지, 그리고 하나님을 섬기고 하나님의 일을 하는 진정한 방법이 무엇인지를 보여주셨습니다.
우리가 그리스도 예수 안에서 새로운 피조물로 창조되었을 때 그리스도 안에 있는 바로 그 생명을 받았습니다. 그리고 주님이 이 땅에서 어떤 삶을 사셨는지 고찰함으로써 어떻게 살아가야 하는지를 알게 됩니다.
"살아 계신 아버지께서 나를 보내시매 내가 아버지로 말미암아 사는 것 같이 나를 먹는 그 사람도 나로 말미암아 살리라"(요 6:57)
주님이 아버지를 의지하신 것은 내가 주님을 의지하는 것과 주님 안에서 아버지를 의지하는 것에 대한 법칙입니다. 그리스도가 스스로 아버지께 절대적으로 의지하기 위함이었습니다. 주님은 아버지를 의지하는 것을 가장 큰 영광으로 여기셨습니다. 사역은 내 안에 계신 하나님의 일이었기 때문입니다.
하나님을 사모하는 것이 무엇인지를 이해한다면, 그분 앞에 완전히 낮아지고 엎드려 그분이 내 안에서 일하시도록 하십시오. 그것이 나의 진정한 고귀함이고, 가장 큰 사역의 비결입니다. 이것이야말로 주님의 참 생명이고, 하나님 자녀의 참 생명입니다.

이 생명이 나에게 알려지고 지속되면 사역의 능력은 더해질 것입니다. 내 영혼은 하나님께서 내 안에서 역사하실 수 있도록 하는 태도를 갖추고 있기 때문입니다. 이는 마치 하나님께서 자기를 사모하는 사람을 위해 역사하시는 것과 같습니다.

성도가 고대하며 기도하는 부흥은 목회자와 사역자가 하나님께서 원래 정하신 사역의 자리로 돌아갈 때 시작됩니다. 하나님께서 그들 안에서 역사하시도록 그분을 온전히 의지하고, 지속해서 앙망하기를 그리스도께서 하신 것같이 해야 합니다.

이제 청년과 노인, 성공한 사람과 낙망한 사람, 소망이 충만한 사람과 두려움이 충만한 사람 모두 하나님을 위한 진정한 사역의 비결을 우리 주 예수님께로 와서 배우라고 초청합니다.

"내 아버지께서 이제까지 일하시니 나도 일한다"
"아버지께서 내 안에 계셔서 그의 일을 하시는 것이라"
하나님께서 아버지가 되신다는 것은 하나님께서 모든 것이 되시며, 모든 것을 주시며, 모든 것을 행하시는 분이라는 뜻입니다.

하나님의 자녀가 된다는 것은 하나님 아버지를 지속해서 의지하는 것과 하나님의 일을 위해 필요한 모든 힘을 순간순간 공급받는 것을 의미합니다. 모든 것을 행하시는 이는 하나님이기에 깊은 겸손과 낮은 자세로 하나님의 일을 하면서 그분을 사모하고 신뢰해야 한다는 심오한 진리를 붙잡으십시오. 하나님께서는 우리 안에 거하시기 때문에 우리 안에서 역사하실 수 있다는 것을 배우십시오.

"아버지께서 내 안에 계셔서 그의 일을 하시는 것이라"
하나님의 지속적인 친밀과 임재의 거룩함에 몰두하십시오. 내가 하나님의 성전이라는 것과 하나님께서 내 안에 거하신다는 거룩한 느낌에 몰두하십시오. 내가 하나님께 기쁨을 드리기 위해서 그분께서 내 안에서 역사하시도록 자신을 드리십시오. 그 사역이 나를 귀찮게 하는 것이 아니라 강하게 주님과 교제하고 아이처럼 의지하게 하는 동기가 되는 것을 발견할 것입니다.
하나님을 사모하는 것은 사역을 지체하게 하는 것처럼 보일 수 있습니다. 그러나 내가 하나님께서 역사하시는 것을 느끼지 못할 때 하나님을 사모함은 그분으로 하여금 역사하도록 하는 믿음의 교훈을 습득한다면 더 큰 축복을 얻을 것입니다.

> Insight

❶ "아버지께서 내 안에 계셔서 그의 일을 하시는 것이라" 머리와 지체는 동일한 법에 의해 다스림 받습니다. 그리스도와 성도에게도 마찬가지입니다. 동일한 하나님께서 내 안에 계셔서 자신의 일을 하시는 것입니다.

❷ 아버지께서 아들이 이 땅에 계시는 동안만 그분의 안에서 일하셨던 것이 아니라 지금 이 시각에도 천국에서 일하십니다. 내가 그리스도께서 자기 안에 계신 아버지의 일을 하셨던 것을 믿으면, 주님이 하신 것보다 더 큰 것도 하게 될 것입니다.

"내가 아버지 안에 거하고 아버지는 내 안에 계신 것을 네가 믿지 아니하느냐 내가 너희에게 이르는 말은 스스로 하는 것이 아니라 아버지께서 내 안에 계셔서 그의 일을 하시는 것이라 내가 아버지 안에 거하고 아버지께서 내 안에 계심을 믿으라 그렇지 못하겠거든 행하는 그 일로 말미암아 나를 믿으라 내가 진실로 진실로 너희에게 이르노니 나를 믿는 자는 내가 하는 일을 그도 할 것이요 또한 그보다 큰 일도 하리니 이는 내가 아버지께로 감이라"

(요 14:10-12)

❸ 내 안에 거하는 아버지께서 내 안에서 역사하시는 하나님입니다. 하나님의 생명이 내 영혼에 있게 하십시오. 그리하면 사역이 확실하게 이루어집니다.

❹ 예수님의 이름으로 "아버지께서 내 안에 계셔서 그의 일을 하시는 것이라"고 말하면서 은혜를 구하는 기도를 드리십시오.

08

예수님보다
더 큰
사역을 하라

사역과 제자도

예수님보다 더 큰 사역을 하라

내가 진실로 진실로 너희에게 이르노니
나를 믿는 자는 내가 하는 일을 그도
할 것이요 또한 그보다 큰일도 하리니
이는 내가 아버지께로 감이라 너희가 내
이름으로 무엇을 구하든지 내가 행하리니
이는 아버지로 하여금 아들로 말미암아
영광을 받으시게 하려 함이라
내 이름으로 무엇이든지 내게 구하면
내가 행하리라
{요 14:12-14}

그리스도는 "아버지께서 내 안에 계셔서 그의 일을 하시는 것이라"(요 14:10)고 하신 말씀을 통해 사역자가 자신을 하나님께 맡기고 하나님 안에 거하며 사역하는 것에 대한 비결을 계시하셨습니다.

그리스도께서 "나를 믿는 자는 내가 하는 일을 그도 할 것이요 또한 그보다 큰일도 하리니"라는 약속은 사역에 관한 하나님의 법칙은 변함이 없다는 것을 의미합니다. 우리는 "아버지께서 내 안에 계셔서 그의 일을 하시는 것이라 주님 안에서 우리 안에서 일하는 분은 같은 하나님이시니라"는 고백을 천 번이라도 할 수 있는 것입니다.

"나를 믿는 자는"이라는 말씀은 죄에서 우리를 구원하시는 구원자를 의미하는 것만은 아닙니다. 그보다 더 많은 의미를 담고 있습니다. 그리스도는 "내가 아버지 안에 거하고 아버지는 내 안에 계신 것을 네가 믿지 아니하느냐… 아버지께서 내 안에 계셔서 그의 일을 하시는 것이라"(요 14:10,11)고 말씀하셨습니다. 우리는 끊임없이 일하시는 아버지 안에 거하면서 일하신 그리스도를 믿어야 한다는 것을 의미합니다.

그리스도를 믿는다는 것은 그분이 내 안에 계심을 믿고, 아버지께서 그리스도와 일하신다는 것은 그리스도를 믿는 것과 마찬가지로 그분 안에 거하시면서 일하는 아버지를 믿는 것과 같습니다.

또한 그리스도의 제자는 그분께서 행하신 방식 외에 다른 방식으로 사역할 수 없습니다. 주님이 덧붙인 말씀에서 분명하게 알 수 있습니다.

"그보다 큰일도 하리니 이는 내가 아버지께로 감이라"

"그보다 큰일"이라는 말씀은 확연히 드러낸다는 것을 의미합니다. 그리스도의 제자들을 통해 오순절에 세례 받고 주님께 돌아온 사람이 삼천 명이나 되었습니다. 빌립으로 인해 사마리아 성이 기쁨으로 충만했고, 구브로와 구레네의 사람들이 주님께 돌아왔습니다. 훗날 안디옥의 바나바에 의해서 많은 사람들이 주님께 돌아왔습니다.

바울은 선교여행을 하면서 사람들을 구원했고, 그밖에 수많은 그리스도의 종들이 지금까지 영혼을 수확하고 있습니다. 주님은 연약하셨을 때 그분이 한 일보다 더 큰일을 하도록 제자들을 부르셨습니다. 주님은 "내가 아버지께로 감이라"라고 말씀하셨고, 그분께서 아버지의 영광으로 들어가셨을 때 하늘과 땅의 모든 권세가 구원자이신 주님에게 부여되었습니다.

이 시대는 하나님 아버지께서 주님으로 일하셨을 때보다 더 영광스러운 방식으로 주님의 제자들을 사용하여 일하십니다. 주님이 연약한 육신을 입고 이 땅에 계셨을 때 하늘에 계신 아버지의 능력으로 일하셨듯이, 주님의 백성도 연약한 가운데 주님의 능력을 입고 주님과 동일한 일을 하거나 그보다 더 큰일을 해냈습니다.

하나님 사역의 법칙은 변함이 없습니다. 하나님의 일은 오직 하나님에 의해 완성될 수 있습니다. 이는 그리스도에게서 보는 것이며, 그 사역을 하신 주님을 영접하는 것입니다.

하나님께서는 그리스도를 통해 행하셨습니다. 우리는 아버지 안에서 사역하고 아버지께서 우리 안에서 역사하도록 그분께 전적으로 의뢰해야 합니다. 그렇게 할 때 더 "큰일"을 할 수 있습니다.

그 다음 말씀은 위대한 진리를 더 강하게 표현하고 있습니다. 아버지께서 주님 안에서 일하셨던 것처럼, 주님은 우리 안에서 친히 일하실 것이라는 약속입니다. 주님이 아버지께 전적으로 의뢰하셨듯이 그와 같이 의뢰하라는 의미입니다.

"그보다 큰일도 하리니 이는 내가 아버지께로 감이라 너희가 내 이름으로 무엇을 구하든지 내가 행하리니"

그리스도는 우리를 통해 이루실 더 큰일에 대해 주님의 이름으로 구한다면 주님이 행하신다는 약속과 연결시키셨습니다. "예수님의 이름으로" 하는 기도는 주님의 일을 위해 주님을 사모하고 의뢰한다는 고백입니다. 주님은 "너희가 내 이름으로 무엇을 구하든지 내가 행하리니"라고 약속하셨습니다.

그리고 주님은 "이는 아버지로 하여금 아들로 말미암아 영광을 받으시게 하려 함이라"고 덧붙여 말씀하셨고, 주님께서 어떻게 아버지께 영광을 돌리셨는지를 상기시키셨습니다.

주님은 아버지께서 아버지의 일을 행하시도록 자신을 드렸고, 아버지의 능력으로 제자들이 하나님의 일을 행함으로써 하나님 아버지께 영광을 돌리고자 하셨습니다. 주님이 일하심은 하나님의 일을 이루시려는 것이기에 이보다 하나님께 더 큰 영광은 없을 것입니다.

하나님께서는 우리 안에 거하시고 교제하며 일하십니다. 그러므로 주님께 끊임없이 의뢰하는 것은 하나님께 가장 큰 영광입니다. 주님이 "너희가 내 이름으로 무엇을 구하든지 내가 행할 것이기 때문에 너희가 그보다 큰일도 하리라"라고 말씀하셨기 때문입니다.

Insight

❶ 그리스도는 하나님의 일을 어떻게 수행하셨을까요? 주님은 자기 안에 거하신 하나님이 계셔서 사역하실 수 있었습니다. 나는 그리스도의 일을 어떻게 수행할까요? 내 안에 거하신 그리스도가 계셔서 사역할 수 있습니다.

❷ 내가 어떻게 그리스도보다 더 큰일을 할 수 있을까요? 성육신하여 십자가에 못 박히신 그리스도를 믿을 뿐 아니라 승리하시고 보좌에 앉은 그리스도를 믿음으로써 더 큰일을 할 수 있습니다.

❸ 사역은 육적 생명과 영적 생명이 하나님의 생명에 속해 있습니다. 우리 안에 거하는 성령의 능력이 없으면 사역은 헛된 것임을 깨닫기를 기도하십시오.

우리는 아버지 안에서 사역하고
아버지께서 우리 안에서 역사하도록
그분께 전적으로 의뢰해야 합니다.
그렇게 할 때 더 큰일을 할 수 있습니다.

- 앤드류 머리, 65쪽 중에서 -

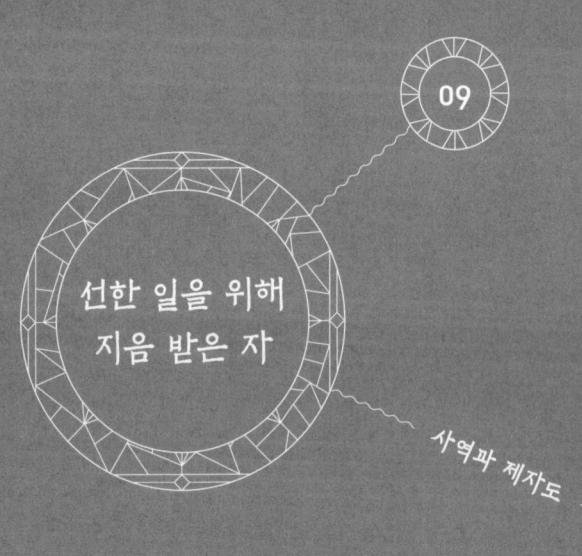

09 선한 일을 위해 지음 받은 자

사역파 제자도

선한 일을 위해
지음 받은 자

> 너희는 그 은혜에 의하여 믿음으로
> 말미암아 구원을 받았으니 이것은
> 너희에게서 난 것이 아니요 하나님의
> 선물이라 행위에서 난 것이 아니니 이는
> 누구든지 자랑하지 못하게 함이라
> 우리는 그가 만드신 바라 그리스도 예수
> 안에서 선한 일을 위하여 지으심을 받은
> 자니 이 일은 하나님이 전에 예비하사
> 우리로 그 가운데서 행하게 하려
> 하심이니라
> {엡 2:8-10}

'행위로 구원받을 수 없습니다' 와 '구원은 선한 일을 하기 위함입니다', 이 둘 사이에는 큰 차이가 있습니다. 그 차이를 이해하는 것이 건강한 그리스도의 본질입니다.

행함은 사람들이 구원받게 하는 근원이 될 수 없습니다. 다만 선한 일은 구원받은 성도의 열매이자 결과이며, 하나님께서 우리 안에 일하신다는 것이며, 우리가 새롭게 회복된 유일한 증거입니다. 행위는 구원받는 데 아무런 가치가 없습니다. 하나님께서 우리를 창조하시고 준비시킨 목적만이 무한한 가치가 있습니다. 영적 충만함 안에서 두 진리를 살펴봅시다.

행위가 아니라 은혜로 구원받았다는 것을 깊이 확신한다면 선한 일을 위해 구원받았다는 것을 확실하고 더 강하게 증거해야 합니다.

"행위에서 난 것이 아니니 이는 누구든지 자랑하지 못하게 함이라 우리는 그가 만드신 바라"

만약 행위로 인해 구원받을 수 있었다면 주님의 대속이 필요하지 않았을 것입니다. 우리의 죄스럽고 헛된 행위를 하나님께서 새롭게 회복하게 하셔서 그분의 작품이 되게 하셨습니다. 뿐만 아니라 주 안에서 선한 일을 행한다는 것 또한 하나님의 작품입니다.

"우리는 그가 만드신 바라 그리스도 예수 안에서 선한 일을 위하여 지으심을 받은 자니"

죄로 인하여 모든 것이 완전히 파괴되었기에, 하나님께서는 그리스도 예수 안에서 다시금 창조사역을 하셔야 했습니다. 하나님께서는 특히 주님의 부활 안에서 주님은 가지신 생명의 형상과 모양을 따라 우리를 새롭게 만드신 것입니다.

그 생명과 부활의 능력 안에서 선한 일을 하도록 우리를 예비하셨습니다. 눈은 빛을 보기 위해 창조되었기에 빛을 보게 하시고, 포도나무 가지는 포도 열매를 맺기 위해 창조되었기에 당연히 포도 열매를 맺습니다.

마찬가지로 우리는 그리스도 예수 안에서 선한 일을 하기 위해 창조되었기에 선한 일을 위한 하나님의 능력을 드러내는 것이 존재의 법칙임을 확신해야 합니다. 우리의 소명을 깨닫고 믿어 그리스도 예수 안에서 새롭게 창조되었듯이, 그분 안에서 살아가다면 모든 선한 일은 열매를 맺게 될 것입니다.

"선한 일을 위하여 지으심을 받은 자니 이 일은 하나님이 전에 예비하사 우리로 그 가운데서 행하게 하려 하심이니라"

우리는 선한 일을 위해 예비하셨고, 선한 일은 우리를 위해 예비하셨습니다. 이것을 이해하려면 하나님께서 어떻게 모세, 여호수아, 사무엘, 다윗, 베드로, 바울 같은 종들을 왜 하나님의 일을 위해 미리 선택하셨는지, 그리고 어떻게 평등하게 그들의 일을 미리 정하셨는지를 살펴보십시오.

몸의 가장 약한 지체가 보호받는 것같이 머리를 가장 귀한 것으로도 보호받습니다. 아버지께서는 자기 자녀 중에서 가장 중요한 사람들이 해야 할 일을 예비한 것과 같이, 가장 낮은 사람들을 위해서도 일을 예비하십니다. 하나님께서는 모든 자녀마다 인생 계획을 가지고 계십니다. 그분은 그들이 받은 능력에 따라 일을 맡기고, 사역에 따라 은혜를 예비하십니다.

앞서 말한 것같이 행위로 구원받은 것이 아닙니다. 우리는 선한 일을 하기 위해 구원받았습니다. 하나님께서는 선한 일을 하게 하시려고 우리를 창조하고, 우리를 위해 선한 일을 예비하셨기 때문입니다. 성경은 이 책이 전하고자 하는 두 가지 교훈을 확증하고 있습니다.

첫 번째 교훈은, 선한 일은 하나님께서 새로운 생명에게 부여하신 하나님의 목적이기에 명백히 우리의 목적이 되어야 한다는 것입니다.

인간은 일하기 위해 창조되었고, 일을 수행하는 데 필요한 힘을 공급받습니다. 그리고 인간은 일할 때 비로소 참되고 건강한 삶을 살 수 있습니다. 그러므로 우리는 선한 일을 위해 존재해야 합니다. 그렇게 할 때 우리 안에 있는 주님의 생명이 온전하게 되어 주님의 동역자들이 축복받고, 하나님 아버지께 영광을 돌릴 수 있습니다.

우리는 자녀에게 이 세상에서 마땅히 일을 마땅히 해야 한다고 교육합니다. 그런데 교회는 자녀들이 하나님의 위대한 일에 어떻게 동참해야 하고, 그들의 창조된 목적이 선한 일을 하기 위한 것임을 언제 배울까요?

우리 각 사람은 "우리는 그가 만드신 바라 그리스도 예수 안에서 선한 일을 위하여 지으심을 받은 자니 이 일은 하나님이 전에 예비하사 우리로 그 가운데서 행하게 하려 하심이니라"고 하신 말씀의 영적 진리를 구하고 취해야 합니다. 우리 각 사람은 하나님을 사모하므로 하나님의 일을 수행해야 하기 때문입니다.

두 번째 교훈은, 하나님께서 우리를 위해 예비하신 선한 일을 행하기 위해 하나님을 사모하는 것이 필요하다는 것입니다. "우리는 하나님의 일을 하기 위하여 지으심을 받았다"라는 말씀의 의미를 새겨 봅시다.

우리는 과거에 행한 것에 만족할 것이 아니라 계속해서 행해야 합니다. 선한 일을 하기 위해 창조된 우리에게 선한 일은 하나님께 영광돌리는 고귀한 수단입니다. 선한 일은 우리 각 사람을 위하여 예비되었으므로 그 일을 해야 하는 것입니다. 하나님의 사역에 순종하고 주께 의뢰하는 것이 먼저 필요한 일입니다.

우리가 어떻게 그리스도 예수 안에서 선한 일을 위해 새롭게 창조되었는지, 어떻게 주님 안에 거하게 되었는지, 어떻게 그분을 믿게 되었는지, 어떻게 주님께 의뢰하고 그 힘에 의지하는 것이 영혼의 습관이 되어야 하는지 숙고해 봅시다.

Insight

❶ 우리가 아담 안에서 창조된 것은 선한 일을 위함이었지만, 그것은 완전한 실패로 돌아갔습니다. 우리가 그리스도 안에서 새로운 피조물이 된 것은 다시금 선한 일을 하기 위함입니다. 여기에 한 가지 다른 점은, 주님은 우리를 확고히 하기 위해서 완전하게 예비하셨다는 것입니다.

❷ 우리는 선한 일을 위해 하나님께서 창조하셨습니다. 우리는 그리스도 예수 안에서 하나님에 의해 창조되었고, 하나님께서는 우리를 위해 선한 일을 예비하셨습니다. 이 모든 것이 무엇을 의미하는지 성령께 기도합시다.

❸ 하나님과의 교제가 진실하기 바랍니다. 그리하면 사역을 위한 능력이 주어질 것입니다. 우리의 삶이 진실한 것같이 우리의 사역도 확실해질 것입니다.

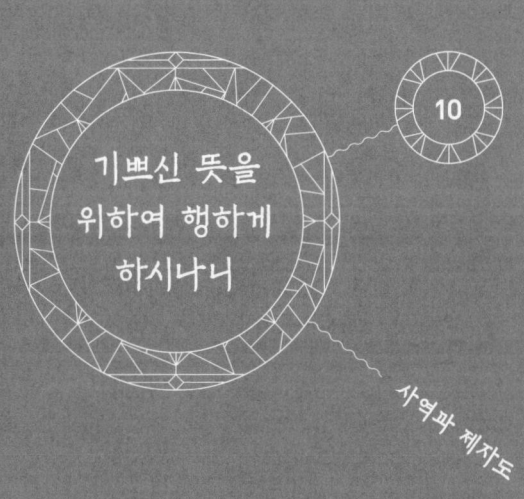

기쁘신 뜻을
위하여 행하게
하시나니

10 사역파 제자도

기쁘신 뜻을 위하여 행하게 하시나니

> 그러므로 나의 사랑하는 자들아
> 너희가 나 있을 때뿐 아니라
> 더욱 지금 나 없을 때에도 항상 복종하여
> 두렵고 떨림으로 너희 구원을 이루라
> 너희 안에서 행하시는 이는 하나님이시니
> 자기의 기쁘신 뜻을 위하여 너희에게
> 소원을 두고 행하게 하시나니
> {빌 2:12,13}

앞에서 구원이 무엇인지 살펴보았습니다. 구원이란, 우리는 하나님의 작품으로서 선한 일을 위하여 그리스도 예수 안에서 창조되었다는 것을 의미합니다. 이는 가장 본질적인 요소 중에 하나로서 우리에게 선한 일을 행하게 하시려고 하나님께서 예비한 계획을 결정하는 중요한 단서입니다. 이 관점에서 본문 성구의 거시적인 의미를 깨닫게 됩니다.

"너희 구원을 이루라"라고 하신 말씀의 의미는 하나님께서 우리를 위해 예비하신 선한 일을 행하라는 것입니다. 하나님께서 우리를 위해 예비하신 구원이 무엇인지, 하나님께서 우리가 구원받을 수 있도록 하신 의미가 무엇인지, 두려워 떨리는 마음으로 구원을 이루는 것이 무엇인지 알기 위해 고찰하십시오.

그리스도 안에 감추어진 거룩한 생명의 위대함과 우리의 무능력, 우리를 에워싸고 있는 무시무시한 위기와 시험은 우리가 두렵고 떨림으로 사역을 하도록 해줍니다. 그럼에도 불구하고, 두려움은 불신이 되지 않으며, 떨림이 낙담이 되지 않습니다. 하나님께서 우리 안에서 역사하시기 때문입니다.

여기에 사역을 할 수 있게 하는 충분한 능력의 비밀과 하나님께서 우리가 일할 수 있게 하신다는 확신의 비밀이 있습니다. 하나님께서는 우리의 의지와 행위 안에서 역사하십니다.

하나님께서는 무엇을 행해야 하는지에 대한 통찰력, 이를 위해 기쁨으로 일할 수 있는 열정과 의지를 주시고, 건강하고 성실한 목적을 주셨습니다. 우리의 의지대로 일하고자 열망하게 하시고 준비하게 하십니다.

하나님께서는 우리의 의지에 대해 일하지 않으며, 우리가 아무

도움을 받지 못한 상태로 내버려두지도 않습니다. 의지는 행위로 드러나야 하지만 우리에게 행할 힘이 부족합니다.

로마서 7장에 기록된 인간의 회복된 의지는 하나님의 법을 기뻐합니다. 하지만 로마서 8장 2~4절의 말씀처럼 그리스도 예수 안에 있는 생명이 성령의 법으로 해방되지 못하고 죄와 사망의 법에 있거나, 율법의 의가 우리 안에서 완성되지 못하고 내 뜻이 아니라 성령 안에서 행하지 않는다면 우리는 아무것도 할 수 없습니다.

사역에 실패하는 원인 중 하나는, 하나님께서 우리에게 사역의 의지를 주셨다고 생각할 때 자기 의지로 사역을 하려 하기 때문입니다. 하나님께서 우리로 하여금 그리스도 안에서 선한 일을 하도록 하기 위해 창조하셨다는 것과 우리가 해야 할 선한 일을 위해 예비하셨다는 것, 무엇보다 주님이 우리 안에서 역사하신다는 사실을 미처 배우지 못했기 때문입니다. "너희 안에서 일하시는 이는 하나님이시니라"라는 말씀을 듣지 못한 것입니다.

심오하고 영적이며 고귀한 성경의 진리 중에, 전능하신 하나님께서 우리의 심령과 삶 속에서 지속해서 역사하신다는 진리에 집중하고 있습니다. 하나님께서는 본질적으로 어디든지 갇혀 있지 않으시며, 어디나 계시는 영적 존재입니다. 그러므로 하나님께서 친히 우리 안에 거하시는 것 외에는 영적 생명이 있을 수 없습니다. 성경은 "하나님께서 전지전능하시다"라는 말씀을 아무런 근거 없이 기록한 것이 아닙니다. 천지만물은 하나님에게서 나왔을 뿐만 아니라 그분에게로 돌아가게 됩니다. 또한, 천지만물은 그것을 홀로 운행하시는 하나님으로 말미암았습니다.

그리스도 예수 안에 거하신 하나님은 주님이 행한 모든 일의 근원이었습니다. 우리는 그리스도 예수 안에서 창조된 새 사람들이기에 하나님 아버지를 끊임없이 의지하는 것은 우리의 가장 큰 특권이며 고귀한 진정성입니다. 하나님께서 우리 안에서 일하기를 작정하시고 행하는 것이야말로 하나님과 우리 사이의 진정한 교제이며 관계입니다.

우리는 하나님을 위하여 일하는 것의 진정한 비결이 무엇인지를 찾아서 배워야 합니다. 많은 사람이 생각하는 바와 같이, 우리가 우리 힘으로 최선을 다해 일한 후에 나머지는 하나님께서 하시도록 하는 것은 하나님을 위한 일이 아닙니다. 절대 그렇게 해서는 안 됩니다.

하나님께서 우리 안에서 구원의 역사를 이루시는 것이 우리가 하나님을 위해 일하는 것의 비결이라는 것을 압니다. 구원은 우리가 해야 하는 모든 일을 포함합니다. 하나님께서 우리 안에서 역사하신다는 믿음은 우리가 효과적으로 일하도록 합니다.

"네 믿음대로 될지어다"와 "믿는 자에게는 능치 못할 일이 없느니라"라고 하신 약속들은 사역에 온전히 적용됩니다. 하나님께서 우리 안에서 역사하신다는 것을 더 깊이 믿을수록, 그리고 하나님의 능력이 우리 안에서 더 자유롭게 역사할수록, 우리의 사역은 더 충실하고 풍성해집니다.

주일학교 교사들이 이 글을 읽을지도 모르겠습니다. 그렇다면 묻고 싶습니다.

"선생님이 선한 일을 위하여 그리스도 예수 안에서 창조된 것이 하나님의 일을 위한 유일한 능력이라는 것과 하나님께서 선생님 속에서 일하기로 작정하시고 그 일을 행하신다는 것을 진정으로 믿습니까?"

"선생님은 역사하시는 하나님을 사모하기 위해 자신을 그분께 드렸습니까?"

"하나님께서 선생님 안에서 일하신다는 것을 알기에 사역하고 있습니까?"

이 질문이 지나치게 수준이 높다는 식으로 말하지 마십시오. 어린 영혼을 그리스도께 인도하는 사역은 실제로 매우 수준 높은 것이기에 그렇습니다.

하지만 우리가 어린아이들처럼 살면서 하나님께서 우리 안에서 역사하실 것을 믿는다면, 우리는 하나님의 힘으로 하나님의 일을 하게 될 것입니다. 선생님이 행하는 모든 일을 통해서 교훈을 얻고, 그것을 적용하십시오. 하나님께서 당신 안에서 일하시니 당신도 일하십시오.

Insight

❶ "하나님께서 너희 안에서 행하신다"라는 위대한 진리의 영적 견해를 갖는다는 것은 모든 사역자에게 매우 필요한 것입니다.

❷ 성령께서는 우리의 삶과 사역을 위해 우리 안에 거하시는 하나님의 강한 능력입니다. 우리의 사역에서 가장 우선적인 것은 성령께서 우리를 날마다 새롭게 하신다는 것을 드러내기를 하나님께 간절히 기도하십시오.

❸ 성령으로 충만하라는 말씀에 순종하십시오. 성령께서 우리 안에 거하신다는 것을 믿으십시오. 성령의 깨우침을 사모하고, 성령의 인도하심을 따르십시오. 성령께서 우리 안에서 역사하시도록 성령 안에서 살아가십시오.

❹ 우리 안에서 역사하시는 하나님의 강한 능력은 우리로 하여금 제대로 일하도록 하십니다. 우리 안에서 그 능력이 역사하도록 자기자신을 드리십시오.

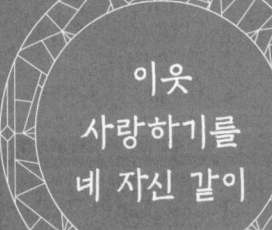
이웃
사랑하기를
네 자신 같이

11

사역과 제자도

이웃 사랑하기를 네 자신 같이

> 그리스도 예수 안에서는
> 할례나 무할례나 효력이 없으되
> 사랑으로써 역사하는 믿음뿐이니라…
> 오직 사랑으로 서로 종 노릇 하라
> 온 율법은 네 이웃 사랑하기를
> 네 자신 같이 하라 하신 한 말씀에서
> 이루어졌나니 {갈 5:6,13b,14}

　　　　　그리스도 예수 안에서는 어떠한 특권도 없습니다. 유대인들은 하나님의 언약 증표인 할례를 자랑할 것입니다. 이방인들은 유대인의 율법에서 자유롭게 되어 천국에 들어가는 것과 더불어 무할례를 자랑할 것입니다. 그러나 할례나 무할례는 천국에 들어가는 것에 어떠한 영향력도 없습니다. 갈라디아서 6장 15절에 "할례나 무할례가 아무것도 아니로되 오직 새로 지으심을 받는 것만이 중요하니라"라고 기록되어 있습니다.

또한 본문 성구에서 새로 지으심을 받은 존재에 대해 서로 사랑하며 섬기도록 하는 믿음, 사랑으로써 역사하는 믿음에 대해 말씀하셨습니다. 이는 새로 지으심을 받은 생명과 연관되어 있습니다. 우리는 그리스도 예수 안에 심기고 뿌리 내린 믿음을 소유하고 있습니다. 그리고 믿음의 목적과 열매로써 선한 일을 행하게 됩니다. 마치 나무가 뿌리를 내리기 위해 밑으로 자라고 열매를 맺기 위해 위로 자라는 것같이, 우리는 뿌리가 수액을 공급받아 열매를 맺는 것같이 믿음으로써 역사하는 사랑을 소유하게 됩니다.

우리는 예수님에 대한 믿음과 새로운 피조물이 되는 믿음, 그리고 우리 안에서 일하시는 하나님은 모든 사역의 힘이라는 믿음이 어떻게 더 위대한 일을 이루는지 보았습니다. 이 책은 누구나 하나님의 마음과 말씀 안에서 안전하게 뿌리내리게 하는 것이 목적입니다.

우리는 사역이 사랑이어야 한다는 위대한 진리를 배우고 있습니다. 믿음은 사랑으로 말미암지 않고서는 역사할 수 없습니다. 사랑에서 나오는 사역 외에 그 어떤 것도 가치가 없습니다. 사랑만이 우리가 행하는 사역을 위해 충분한 힘이 됩니다.

사랑은 하나님께서 이 세상을 창조하게 했고 죄인들을 구속하게 했습니다. 사람인 그리스도께서 사역을 하시고, 고난을 감당하실 수 있었던 것도 다름 아닌 사랑입니다. 우리가 자기희생의 능력으로 다른 사람을 살리기도 하고 죽게도 하는 것이 사랑입니다. 우리에게 배은망덕한 사람이나 마음이 강퍅한 사람을 포기하지 않도록 인내하게 하는 것도 사랑입니다. 가장 절망적인 사람에게 다가가 전도하게 하는 것도 사랑입니다.

사랑은 우리와 우리가 섬기는 사람들 안에서 사역하게 하는 능력입니다. 그리스도께서 우리를 사랑하신 것같이 우리도 서로 사랑합시다.

믿음은 사랑의 근원인 그리스도 예수의 생명 안에 뿌리가 있습니다. 성령 안에서 우리 심령에 주어지는 하나님의 사랑으로 한없이 발산하는 놀라운 선물을 미처 깨닫지 못할지라도 믿음은 그것을 충분히 알고 있습니다.

땅 속에서 나오는 샘물은 어디 있는지 알 수 없거나 마를 수 있습니다. 샘을 찾기 전에는 샘물을 마실 수 없습니다. 믿음은 영원한 생명으로 흘러가는 사랑의 샘이 있다는 것을 압니다. 이 사랑의 샘은 생수의 강처럼 흐르고, 우리가 사랑할 수 있다는 것과 우리에게 하나님 사랑의 능력이 있다는 것을 확신하게 합니다. 하나님 사랑의 능력은 우리에게 있던 새 본성에서 결코 포기할 수 없는 능력입니다.

능력처럼 추상적인 것도 없습니다. 능력은 오직 사용될 때만 그 가치가 발휘됩니다. 잠자고 있는 능력은 발견되거나 느껴지기 어렵고, 특히 그리스도인의 미점(美點)은 더욱 그렇습니다.

그리스도인의 미점은 우리가 가진 인간 본성의 연약함 속에 감추어져 있습니다. 당신에게도 미점이 있다는 것을 알아야 합니다. 그럴 때 그 미점이 역사하여 그 속에 있는 것으로 인하여 우리가 기뻐하게 되는 것입니다. 이것은 사역의 형용할 수 없는 축복입니다.

그리고 이 축복은 사역으로써 건강한 그리스도인의 삶에 매우 본질적인 것이 되도록 하며, 사랑을 일깨우고 강화하며, 우리가 축복의 기쁨에 참여하는 자들이 되게 합니다.

사랑으로써 역사하는 믿음, 그리스도 예수 안에서는 사랑으로 역사하는 믿음 외에 가치 있는 것은 없습니다. 하나님의 사역자들이여, 이 진리를 믿으십시오. 이 진리를 적용하십시오. 당신 안에서 영원한 사랑의 샘이 열린 것에 대하여 하나님께 감사드리십시오. 하나님께서 당신 안에 계신 성령님의 능력으로 당신을 강하게 만드시도록 자주 뜨겁게 기도하십시오. 그렇게 해야만, 당신은 당신 안에 거하시는 그리스도와 더불어 사랑 안에 뿌리를 박고 견고해지게 됩니다.

그리고 당신의 일상의 삶 곧 당신의 가정생활과 이웃들과의 교제와 사역으로써 사랑의 삶이 되게 하십시오. 사랑의 방식들은 매우 온유하고 거룩하므로 당신은 그것을 단번에 배울 수 없습니다. 하지만 용기를 가지십시오. 당신 안에서 역사하는 그 능력을 믿으십시오. 사랑의 사역을 위하여 당신을 드리십시오. 그리하면 승리를 확실하게 쟁취할 것입니다.

사랑으로써 역사하는 믿음, 그리스도 예수 안에서는 다른 무엇이 아니라 오직 사랑으로써 역사하는 믿음만이 효력이 있습니다. 나는 지금까지 하나님을 위해 한 번도 사역한 적이 없는 사람들이나 이제 막 사역에 임할 생각을 한 사람들에게 이 메시지를 전합니다. 그러니 와서 이 메시지를 들으십시오.

우리는 모든 것을 하나님의 사랑에 빚지고 있습니다. 우리가 받은 구원은 전적인 사랑입니다. 하나님께서는 그분의 사랑으로 우리를 충만케 하시기를 열망하십니다. 그것은 하나님 자신이 만족하고자 함이고, 우리를 행복하게 하시려는 것이고, 누구든지 구원하기 위함입니다. 이제 묻고 싶습니다.

"하나님의 사랑으로 충만하게 되는 하나님의 놀라운 선물을 받아들이지 않겠습니까?"

Insight

❶ 믿음, 소망, 사랑 그 중의 제일은 사랑입니다. 그러나 하나님 안에 믿음과 소망이 있지 않습니다. 하나님은 사랑이십니다. 가장 신성한 것은 사랑입니다.

❷ 사랑은 하나님의 본질입니다. 성령께서 우리 심령에 사랑을 퍼지게 할 때 비로소 사랑이 우리의 새로운 본질이 됩니다. 그 사랑을 믿으세요. 사랑 안으로 들어가십시오. 그리고 사랑하십시오.

❸ 사랑은 하나님께서 일하시는 능력입니다. 사랑은 그리스도의 능력이기도 합니다. 하나님을 위해 일하기 위해 한 영혼을 향한 사랑으로 충만하게 되기를 기도하십시오.

사랑은 하나님께서 이 세상을 창조하게 했고
죄인들을 구속하게 했습니다. 사람인 그리스도께서
사역을 하시고, 고난을 감당하실 수 있었던 것도
다름 아닌 사랑입니다.

- 앤드류 머리, 88쪽 중에서 -

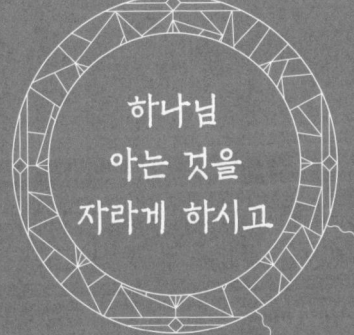

하나님
아는 것을
자라게 하시고

12

사역과 제자도

하나님 아는 것을
자라게 하시고

> 주께 합당하게 행하여
> 범사에 기쁘시게 하고
> 모든 선한 일에 열매를 맺게 하시며
> 하나님을 아는 것에 자라게 하시고
> {골 1:10}

'열매'와 '사역'은 다릅니다. 열매는 생각이나 의지와 상관없이 맺어지고, 건강한 생명에게서 얻는 자연스럽고 필연적인 결과입니다. 반면 사역은 지적 사유와 의지에 따라 선한 행동을 할 때 나타납니다. 그리스도인의 삶은 이 두 요소가 하나로 결합되어야 합니다.

진정한 사역은 '속사람의 성장'이라는 열매를 맺는데, 이는 우리 안에 거하시는 성령이 역사하시기에 가능합니다. 사역이 우리에게 진지한 목표와 가치일 때 사역을 통해 열매를 맺을 것입니다. "모든 선한 일에 열매를 맺게 하시며"라는 말씀은 지금까지 쓴 내용의 요약이라고 할 수 있습니다.

하나님께서 우리 안에서 생명으로 역사하실 때 사역이 열매입니다. 하나님께서 우리를 위해서 일하신다는 믿음으로 열매 맺는 것이 사역입니다. 또한 하나님의 생명과 성령의 생기가 불어넣어지면서 자발적으로 하나님의 일을 하는 것과 하나님의 동역자로서 일하는 것의 조화가 참된 사역의 비밀입니다.

본문 성구와 연결된 골로새서 1장 9절 "너희로 하여금 모든 신령한 지혜와 총명에 하나님의 뜻을 아는 것으로 채우게 하시고"라는 말씀은 우리에게 살아가면서 지혜와 총명이 필요하다고 것을 의미합니다. 또한 본문 성구와 이어지는 "그의 영광의 힘을 따라 모든 능력으로 능하게 하시며"(골 1:11)라는 말씀은 하나님 관점입니다. 하나님께서 우리를 가르치시고 강하게 하시는 것, 우리가 하나님의 뜻을 깨닫고자 배우며 인내하며 행하는 것은 선한 일이 열매맺게 하는 갑절의 생명입니다.

그리스도인의 삶은 자연인이 영의 사람이 되어야 하고, 영의 사람은 다시 자연인이 되어야 한다는 것을 설명했습니다. 자연인으로서의 삶은 진정 영적인 삶이듯이, 우리의 사역은 열매의 본질 곧 우리 안에 거하시는 하나님의 생명에 참여하는 일입니다. 마찬가지로 영적인 삶이 자연적인 삶이 되듯이 모든 열매는 진정한 사역의 특징으로서 맺어질 것입니다.

"모든 선한 일에 열매를 맺게 하시며"
그러므로 이 말씀은 중대한 견해를 시사합니다. 사과나무나 포도나무는 오직 열매를 맺기 위해 심듯이, 구원은 하나님의 일과 봉사를 하게 하시려는 목적이 있습니다. 그래서 "인간의 본성의 고귀함은 생각이나 행동이 아니다"라고 합니다. 인간 본성의 고귀함은 하나님의 창조사역 속에 있습니다.

우리가 그리스도 예수 안에서 새롭게 창조된 것은 선한 일을 하기 위함입니다. 우리의 선한 사역을 통해 하늘 아버지께서 영광을 받으시고, 그분께서 우리를 창조하신 대로 명예를 얻게 하시려는 것임을 드러내려는 것입니다.

주님은 포도나무 비유에서 "그가 내 안에, 내가 그 안에 거하면 사람이 열매를 많이 맺나니"(요 15:5), "너희가 열매를 많이 맺으면 내 아버지께서 영광을 받으실 것이요."(요 15:8)라고 말씀하셨습니다. 농부에게는 풍성한 곡식을 생산하는 것보다 명예로운 것은 없습니다. 그러므로 많은 열매는 하나님께 영광이 됩니다.
천국 포도나무의 가장 약한 가지 곧 한 달란트밖에 소유하지 못한 사람을 포함한 모든 성도에게 많은 열매를 맺기 위한 격려와 가르침, 훈련이 필요합니다. 작은 딸기 모종이 큰 사과나무보다 더 풍성한 열매를 맺을 수 있기 때문입니다. 하나님께서는 선한 일에 많은 열매를 맺기 위해 모든 그리스도인을 부르십니다. 모든 가지가 선한 일에 열매를 맺는 것은 하나님의 복음에 본질입니다.

"모든 선한 일에 열매를 맺게 하시며"
이 영적 진리에 관한 두 측면의 충만한 영향력을 살펴봅시다.
하나님께서 창조하신 첫 세상은 식물의 왕국이었습니다. 식물의 왕국은 의지나 노력 없이도 하나님께서 일하셨기에 성장하고 열매를 맺었습니다. 하나님께서 은밀히 일하셨기에 자연스럽게 열매를 맺게 된 것입니다. 동물의 왕국은 식물의 왕국보다 진보적입니다. 생각과 의지와 일이라는 새로운 요소가 추가되었습니다. 그러나 사람에게 이 두 요소가 연합하여 조화를 이루었습니다. 잔디와 백합은 아름답게 입히시는 하나님에게 종속된다는 진리는 하나님과 우리의 관계에 마찬가지로 적용됩니다.
또한 자연은 하나님께 받은 것 외에 아무것도 가지지 않았으나 우리의 사역은 하나님께서 주신 능력의 결과물인 열매를 맺습니다. 이것은 우리에게 주신 하나님의 의지와 자주적 행위의 표시입니다.

> **Insight**

❶ 열매의 양과 질은 나무의 건강한 생명에 달려있습니다. 당신 안에 있는 하나님의 생명 곧 하나님과 그리스도 예수와 성령의 생명은 강하고 확실합니다.

❷ 그 삶은 사랑입니다. 하나님의 사랑을 믿으십시오. 사랑 안에서 행동하십시오. 그리스도 안에 있는 충만함을 날마다 공급받으시기를 바랍니다.

❸ 사역이 열매가 되게 하십시오. 자주적인 사역이 하나님의 생명에 의해 삶의 영감을 받기를 바랍니다. 그렇게 할 때 우리는 기쁘게 주님 뜻에 합당하게 일할 것입니다.

주 안에서
헛되지 않은
수고

13

스역바 체차도

주 안에서
헛되지 않은 수고

> 그러므로
> 내 사랑하는 형제들아
> 견실하며 흔들리지 말고
> 항상 주의 일에 더욱 힘쓰는 자들이 되라
> 이는 너희 수고가
> 주 안에서 헛되지 않은 줄 앎이라
> {고전 15:58}

고린도전서 15장은 축복의 근원인 그리스도 부활의 의미를 영적으로 계시하고 있습니다. 이 땅에 사는 동안 제자들에게 자신을 나타내시고, 바울에게 계시한 살아계신 구세주를 우리에게 말씀하고 있습니다.
이는 주님의 모든 원수에 대한 마지막 승리이며, 하나님께서 만유 안에 계시고 만유가 그분 안에 있는 것에 대한 보증이며, 몸의 부활과 우리가 천국에서 영원히 사는 것을 보증하고 있습니다.

바울은 죄와 사망에 대해 승리하게 되었다는 논쟁을 이렇게 마무리했습니다.

"사망아 너의 승리가 어디 있느냐 사망아 네가 쏘는 것이 어디 있느냐 사망이 쏘는 것은 죄요 죄의 권능은 율법이라 우리 주 예수 그리스도로 말미암아 우리에게 승리를 주시는 하나님께 감사하노니"(고전 15:55-57)

그리고 57절에서 주님과 그분의 백성 안에 있는 부활 생명의 비밀과 영광에 대한 위대한 가르침 다음에 실제적으로 적용되는 한 구절이 기록되어 있습니다.

"그러므로 내 사랑하는 형제들아 견실하며 흔들리지 말고 항상 주의 일에 더욱 힘쓰는 자들이 되라 이는 너희 수고가 주 안에서 헛되지 않은 줄 앎이라"(58절)

그리스도께서 부활하시고 살아계시다는 믿음, 그분의 부활하심이 지금부터 영원까지 우리에게 이루어진 일임을 믿을 때 주님의 일에 더욱 힘쓰게 합니다.

그리스도의 부활은 죄와 사망과 사탄에 대한 최종 승리입니다. 주님은 성령으로 이 땅에서 제자들이 주님의 일을 하도록 하셨습니다. 부활의 기쁨을 함께 누렸던 사람들은 이 기쁜 소식을 세상에 전파해야 하는 임무를 받았습니다. 이 임무는 마리아를 비롯한 여자들에게, 주님은 부활하신 날 저녁에 한 곳에 모여 있던 제자들에게 주어졌습니다.

"아버지께서 나를 보내신 것 같이 나도 너희를 보내노라"(요 20:21)
또한 주님은 "너희는 온 천하에 다니며 만민에게 복음을 전파하라"(막 16:15)라고 모든 사람에게 분부하셨습니다. 부활은 그리스도의 온 세상을 이기심에 대한 기원이고 보증입니다. 승리는 주님의 백성에 의해 완전하게 드러나야 합니다. 부활의 생명에 대한 믿음과 기쁨은 부활의 소식을 전하는 사역을 위한 감동과 능력입니다. 그러므로 부활의 증인으로의 부르심은 예외 없이 모든 성도에게 주어진 것입니다.

"그러므로 내 사랑하는 형제들아 견실하며 흔들리지 말고 항상 주의 일에 더욱 힘쓰는 자들이 되라"
"주의 일에" 이 말씀은 우리가 해야 할 사역이 무엇인지를 말씀하고 있습니다. 이것은 부활하신 주님에 대해서 다른 사람들에게 전하는 것과 그리스도 안에서의 새 생명이 우리에게 가져다 준 것이 무엇인지를 증명하는 것입니다.
진실로 예수 그리스도를 우리 모두의 주님으로 알고 시인하고,

주님을 섬기는 일의 기쁨 안에서 살아가면, 사람들을 구원하여 그들로 하여금 주님을 알고 무릎꿇게 하는 것이 주님이 우리에게 주신 사역임을 보게 될 것입니다. 겸손하게 살면서 인내로써 주님을 섬기는 모든 형태의 사역 중에서, 부활하신 주님의 생명, 그 능력 안에서 모든 사람이 예수 그리스도를 주님으로 영접하게 하는 것이 목적입니다.

주님의 일은 쉬운 것이 없습니다. 그리스도의 생명은 죄와 사탄을 정복해야 했고, 죽은 자 가운데에서 다시 살아나셔야 했습니다. 이것은 육체적인 생명의 희생을 대가로 요구하는 것입니다. 이 땅의 모든 사람이 충만한 새 생명과 부활의 능력 안에서 살아가는 것을 필요로 합니다. 우리를 둘러싸고 있는 죄와 세상의 권세는 강하며, 사탄은 그의 종들이 우리에게 쉬운 상대가 되도록 허용하지 않습니다.

이것은 부활하신 주님과의 친밀하게 접촉하는 마음과 진실로 부활의 생명 안에서 사는 삶과 확고부동하게 항상 주님의 일에 더욱 힘쓰는 마음이 필요합니다. 예수님께서 살아계시기 때문에 우리는 그런 삶을 살아야 하는 것입니다.

바울은 "이는 너희 수고가 주 안에서 헛되지 않은 줄 앎이라"라는 말씀을 더했습니다. 나는 이 땅에 있는 수백 만의 사역자들이 사역을 통해 재정적인 상을 받게 된다는 것을 여러 차례 말했습니다. 주님은 사역자들에게 주시는 상이 확실하고 크다는 것을 믿지 않으십니까? 사역은 종종 어렵고 더디기도 하고 겉으로는 열매가 없어 보이기도 합니다. 우리는 마음을 아주 쉽게 빼앗기는 경향이 있습니다. 우리는 자신의 힘으로 일하고 기대하는 것을 스스로 판단하기 때문입니다.

부활의 생명을 가진 자녀들이여, 항상 주의 일에 더욱 힘쓰는 자들이 되십시오. 이는 당신들의 수고가 주님 안에서 헛되지 않은 줄 알기 때문입니다.

"그런즉 너희는 강하게 하라 너희의 손이 약하지 않게 하라 너희 행위에는 상이 있음이라 하니라"

"이는 너희 수고가 주 안에서 헛되지 않은 줄 앎이라"

"주 안에서" 이 말씀은 함축성 있는 표현입니다. 바울이 이 표현을 무려 10번이나 기록한 로마서 16장을 고찰하십시오.

"너희는 주 안에서 성도들의 합당한 예절로 그를 영접하고"(2절)

"그리스도 예수 안에서 나의 동역자들인 브리스가와 아굴라에게 문안하라"(3절)

"그리스도 안에 있는 자라"(7절)

"그리스도 안에서 인정함을 받은"(10절)

"주 안에서 많이 수고하고 사랑하는 버시에게 문안하라"(12절)

"주 안에서 택하심을 입은 루포와 그의 어머니에게 문안하라" (13절)

이와 같이 성도들의 삶과 교제와 섬김에는 특징이 있는데, 그들이 주님 안에 있다는 것과 그들의 사역이 주님 안에서 행해진다는 것입니다. 이것이 바로 효과적인 사역의 비결입니다.

주님 안에서 행한 당신의 수고는 헛되지 않습니다. 주님의 임재와 그 생명의 능력이 지속하고, 모든 사역이 그분 안에서 행해지고, 그분의 능력이 우리의 약함 가운데에 역사하기 때문에 우리의 수고는 주님 안에서 헛될 수 없습니다.

그리스도는 "그가 내 안에, 내가 그 안에 거하면 사람이 열매를 많이 맺나니"(요 15:5)라고 말씀하셨습니다. 이 세상의 자녀들 곧 세상의 스승들의 일을 자신들이 행하면 상을 받을 것이라는 확신을 가지는 자들이 빛의 자녀들을 모욕하지 못하게 하십시오. 다음 말씀을 믿음을 가지고 즐겁게 사역합시다.

"항상 주의 일에 더욱 힘쓰는 자들이 되라 이는 너희 수고가 주 안에서 헛되지 않은 줄 앎이라"

Insight

❶ 부활의 생명에 대한 믿음과 기쁨은 부활의 소식을 전하는 사역을 위한 감동과 능력입니다.

❷ 부활의 증인으로의 부르심은 누구도 예외 없이 모든 성도에게 주어진 것입니다.

❸ 예수님께서 살아계시기 때문에 우리는 그런 삶을 살아야 하는 것입니다.

❹ 이 성도들의 삶과 교제와 섬김에는 하나의 특징이 있는데, 그것은 그들이 주님 안에 있었다는 것과 그들의 사역이 주님 안에서 행해졌다는 것입니다.

❺ 주님의 실체와 그 생명의 능력이 지속하고, 모든 사역이 그분 안에서 행해지고, 그분의 능력이 우리의 약함 가운데 역사하기 때문에 우리의 수고는 주님 안에서 헛된 것이 될 수 없습니다.

은혜를
넘치게
하시나니

수역바 페자도

은혜를 넘치게 하시나니

하나님이 능히
모든 은혜를 너희에게 넘치게 하시나니
이는 너희를 모든 일에 항상
모든 것이 넉넉하여
모든 착한 일을 넘치게 하게 하려
하심이라 {고후 9:8}

앞 챕터에서 사역을 해야 하는 동기를 얻었습니다. 그 동기는 과거와 미래를 포함한 그리스도의 부활이 기쁘게 한다는 것입니다.

본문 성구는 우리에게 풍성한 사역을 위해 예비된 능력이 있다는 것을 확신하게 합니다. 하나님의 선한 일이 넘치게 하시려고 은혜를 넘치게 하십니다. 넘치는 은혜에 대한 감사가 사역으로 이어져 선한 일이 넘치게 이어져야 합니다.

하나님의 은혜마다 그 목적이 있습니다. 어떤 사람들은 사역의 은혜와 유익이 서로 다르다고 말합니다. 그러나 그렇지 않습니다. 성경에서 율법의 행위와 우리 자신의 행위와 우리가 행한 의의 행위와 죽은 행위들 곧 유익을 얻기 위한 행위나 하나님의 총애를 받기 위해 한 행위는 은혜와는 정반대되는 것입니다.

율법의 행위와 은혜의 자유는 조화롭지 않습니다. 그러나 본질적이고 불가결한 믿음의 행위와 선한 행위는 진정한 그리스도인의 삶과 조화를 이룹니다. 우리에게 넘치도록 많은 선한 사역으로 진리가 깊이 뿌리내리도록 해야 합니다. 우리 안에 은혜가 그 목적대로 엄청난 일을 할 것입니다.

진정한 은혜의 정도는 선한 일의 정도에 의해 시험되고 입증됩니다. 하나님의 은혜는 선한 일을 많이 할수록 넘칩니다. 우리는 우리 안에 깊이 뿌리를 박은 진리를 품어야 할 필요가 있습니다.

"모든 일에 항상 모든 것이 넉넉하여 모든 착한 일을 넘치게 하게 하려 하심이라"

선한 일을 넘치게 하려면 넘치는 은혜가 필요합니다. 어떤 사람들은 넘치는 은혜 없이 넘치는 일을 하기도 합니다. 부지런하고 근면하게 세속적인 일을 하거나 마치 이교도가 우상숭배 하는 것같이 온 힘을 다해 종교활동을 할 수 있습니다. 하지만 그들은 참되고 신령하며 효과적으로 일하게 하는 하나님의 은혜에 대해 그다지 생각하지 않습니다. 그들이 진정으로 하나님의 일꾼으로 인정받고 진정한 열매를 맺는 일은 겨우 몇몇 이 땅의 가시적인 결과가 아니라 영원한 결과를 가져 오려면 하나님의 은혜가 절대적으로 필요합니다.

바울은 모든 사역은 자기 안에서 역사하시는 그분의 은혜에 빚진 자임을 계속하여 말합니다.

"내가 나 된 것은 하나님의 은혜로 된 것이니 내게 주신 그의 은혜가 헛되지 아니하여 내가 모든 사도보다 더 많이 수고하였으나 내가 한 것이 아니요 오직 나와 함께 하신 하나님의 은혜로다"(고전 15:10)

"이 복음을 위하여 그의 능력이 역사하시는 대로 내게 주신 하나님의 은혜의 선물을 따라 내가 일꾼이 되었노라"(엡 3:7)

그리고 그는 은혜대로 주신 은사를 잘 사용하라고 종종 말하고 있습니다.

"우리에게 주신 은혜대로 받은 은사가 각각 다르니 혹 예언이면 믿음의 분수대로"

"우리 각 사람에게 그리스도의 선물의 분량대로 은혜를 주셨나니"(엡 4:7)

오직 우리 안에서 역사하시는 하나님의 은혜로 우리는 선한 일을 할 수 있습니다. 넘치는 은혜를 구하여 받을 때 선한 일을 넘치도록 하게 됩니다.

"하나님이 능히 모든 은혜를 너희에게 넘치게 하시나니 이는 너희를 모든 일에 항상 모든 것이 넉넉하여 모든 착한 일을 넘치게 하게 하려 하심이라"

그리스도인은 하나님께서 주신 넘치는 은혜에 대해 감사하며 찬양해야 합니다. 또한 넘치는 은혜가 없다고 해도 시인하고 순종하십시오.

우리의 삶이 선한 일로 넘치게 되는 것은 가능한 일입니다. 우리에게 주어지는 넘치는 은혜는 매우 확실하고 신적이며 충분하기 때문입니다. 그러므로 하나님께서 겸손한 사람들에게 주시는 더 풍성한 은혜를 받기 위해 순전한 아이처럼 날마다 하나님을 사모하십시오.

하나님의 자녀여, 시간을 내어 하나님께서 당신을 통해 이루시고자 하는 것이 무엇인지 이해하기 위해 묵상하십시오. 하나님께서는 당신이 그렇게 하기를 원하십니다. 그분께서는 그 일을 위해 예비하셨습니다. 당신의 헌신이 당신을 위한 하나님의 목적에 부응하도록 하십시오. 하나님께서 당신에게 주실 수 있는 넘치는 은혜보다 부족하게 간구하지 마십시오. 하나님의 전능하심과 신실하심을 확신하시기 바랍니다. 그리고 계속 기도하고 당신 안에서 일하시는 하나님의 능력을 의지하는 삶을 사십시오. 이것은 당신이 수많은 선한 일을 넘치도록 하게 하시려는 것입니다. 이 모든 것은 당신의 믿음대로 이루어질 것입니다.

그리스도의 사역자여, 사역의 실패와 성공을 이 책에서 배우십시오. 사역 실패의 원인은 우리의 힘으로 일하고, 기도하기에 게으르고, 성령으로 충만하고 주님을 사모하는 시간이 부족한 탓입니다. 주님 앞에 완전히 아무것도 아닌 자가 되어 끊임없이 주님을 의지하여 기도하십시오. 모든 사역은 하나님 은혜 안에서 이루어진다는 것을 배워야 합니다. 그리하면 하나님께서 우리 안에서 은혜를 넘치게 하셔서 우리의 삶이 기쁨으로 넘치고 선한 일을 넘치게 하게 됩니다.

Insight

❶ "이는 너희로 모든 일에 항상 모든 것이 넉넉하여" 하나님께서 당신을 위해 이 모든 것을 예비하셨다는 것을 느낄 때까지 이 말씀을 가지고 기도하십시오.

❷ 당신이 무지와 약함으로 인하여 주님의 일을 하지 못할 것 같다면, 당신 자신을 하나님께 드리시기 바랍니다. 만약 하나님께서 당신을 많은 열매를 맺는 포도나무 가지가 되게 하셔서 선한 사역을 하게 하신다면 기꺼이 일하겠다고 선포하십시오.

❸ 당신의 마음에 진리를 씨앗처럼 받아들이십시오. 하나님께서는 당신 안에서 은혜가 넘치게 하실 것입니다. 그분의 능력과 신실하심을 믿고 나아가십시오(롬 4:20-21, 살전 5:24).

❹ 사랑의 겸손함으로 일하기 바랍니다. 유치원에 다니는 어린아이처럼 실천하십시오. 행하므로 배우게 될 것입니다.

하나님께서 겸손한 사람들에게
주시는 더 풍성한 은혜를 받기 위해
순전한 아이처럼 날마다 하나님을 사모하십시오.

- 앤드류 머리, 111쪽 중에서 -

그리스도의
몸을 세우려
하심이라

사역마 제자도

15

그리스도의 몸을
세우려 하심이라

> 그가 어떤 사람은 사도로,
> 어떤 사람은 선지자로,
> 어떤 사람은 복음 전하는 자로,
> 어떤 사람은 목사와 교사로 삼으셨으니
> 이는 성도를 온전하게 하여
> 봉사의 일을 하게 하며
> 그리스도의 몸을 세우려 하심이라
> {엡 4:11,12}

그리스도께서 승천하실 때 제자들에게 주신 은사의 목적은 세 가지입니다.

가장 큰 목적은 성도들을 온전하게 만드는 것입니다. 성도들은 하나님의 뜻 안에서 완전하고 온전하게 되기까지 거룩함을 추구하도록 인도받아야 합니다. 이것은 에바브라가 항상 애써 기도했던 것입니다(골 4:12).

바울은 이에 대해 "우리가 그를 전파하여 각 사람을 권하고 모든 지혜로 각 사람을 가르침은 각 사람을 그리스도 안에서 완전한 자로 세우려 함이니"(골 1:28)라고 기록했습니다.

하지만 성도를 '완전한 자'로 세운다는 것은 더 높은 수준의 결과를 말합니다. 이는 사람이 거룩함을 추구하는 행위인 섬기고 봉사하는 일에 적절히 참여하게 하는 것입니다. 다음 구절에서 동일한 단어들을 확인할 수 있습니다.

"형제들아 스데바나의 집은 곧 아가야의 첫 열매요 또 성도 '섬기기로' 작정한 줄을 너희가 아는지라 내가 너희를 권하노니"(고전 16:15)

"하나님은 불의하지 아니하사 너희 행위와 그의 이름을 위하여 나타낸 사랑으로 이미 성도를 섬긴 것과 이제도 '섬기고' 있는 것을 잊어버리지 아니하시느니라"(히 6:10)

"각각 은사를 받은 대로 하나님의 여러 가지 은혜를 맡은 선한 청지기 같이 서로 '봉사하라'"(벧전 4:11)

이처럼 여전히 더 높은 수준에 다다르는 것을 의미하고 있는데, 그리스도의 몸을 세우려는 것입니다. 우리 몸의 각 지체는 온몸이 건강하게 성장하고 유지하기 위해 각자의 역할을 하고 있는 것같이, 그리스도의 몸에 속한 각 지체는 그리스도의 몸을 세우는데 도움을 줄 수 있는 사역을 가장 중요한 임무라고 생각해야 합니다.

사역은 그리스도 몸의 지체인 사람들을 도와서 강하게 하고, 그리스도의 몸에 속하지 않은 사람들을 부르고 모이는 일입니다. 목회자와 교사는 성도들이 거룩함과 사랑, 봉사를 위해 준비하도록 도와야 합니다. 모든 성도가 봉사하면서 그리스도 안에서 온전하게 세워지는 것입니다.

그리스도께서 교회 목회자나 교사에게 주신 세 가지 목적 중에 봉사가 있습니다. 성도를 거룩함과 사랑으로 온전하게 세우려면 봉사가 이루어져야 합니다. 바꾸어 말하면, 봉사는 그리스도 안에서 온전하게 세워지려면 뒤따라와야 한다는 의미입니다.

성도 곧 그리스도의 몸에 속한 지체는 누구나 예외 없이 봉사하는 일에 부르셨습니다. 이 책을 읽는 독자는 주님의 거룩하신 부르심의 신성함이 무엇인지 깨닫기를 바랍니다.

우리는 사역을 위해 어떤 사람이 되어야 하는지 알아야 합니다. 성도를 그리스도 안에서 온전하게 하는 과정에는 섬기고 봉사하는 일이 준비되어야 합니다. 진정한 성도의 지위가 결여되어 있고, 진정한 거룩함이 결여되는 것은 봉사의 결여와 약함이 원인입니다.

성도는 그리스도께 순응하고, 그분을 닮아가고, 다른 사람들의 구원을 위해 섬기고, 자기를 희생하는 것이 무엇인지 진실로 가르침 받고 배웠습니다.

주님의 겸손과 사랑, 그리고 세상과의 구별됨과 주님의 영광으로부터 멀어진 사람들에게 대한 헌신은 주님이 우리에게 주신 생명의 본질과 축복입니다. 봉사의 일과 사랑의 사역은 우리가 살아야 하는 이유입니다.

겸손과 사랑, 이것은 성도에게 마땅히 있어야 할 미덕입니다. 봉사하기 위한 두 가지 위대한 능력입니다. 겸손은 우리가 누군가 섬기도록 합니다. 사랑은 그 사역을 어떻게 해야 하는지 지혜롭게 합니다. 사랑은 풍부한 창조력을 가져오고, 사역의 목적에 다다르는 길을 찾기까지 인내하게 하고 오래 참을 수 있게 합니다.

겸손과 사랑은 동일하게 자기의 유익을 구하지 않습니다. 성도들이 겸손과 사랑 안에서 온전하게 하는 봉사하는 교회가 되기를 기도합시다. 어떻게 사역을 해야 하는지 지혜롭기를 기도합시다.

그리스도의 몸의 지체에게 위대한 사역이 무엇일까요? 위대한 사역은 서로서로 섬기는 것을 일컫습니다. 당신의 동역자들을 섬기기 위해 그리스도의 뜻을 따르시기 바랍니다. 당신 자신을 동역자들의 종으로 여기십시오. 그들이 무엇에 관심을 두고 있는지 관심을 가지십시오. 당신 주변의 그리스도인들이 더 행복해지게 하려고 최선을 다해 활동하기 바랍니다.

이기심은 사역자를 주저하게 만들 수 있습니다. 약한 감정은 사역자의 용기를 꺾기도 합니다. 게으름과 태평은 갖가지 어려움을 만들 수 있습니다. 그러므로 주님의 뜻이 무엇인지 계시해 주실 것을 기도하고, 그 뜻을 이루기 위해 당신 자신을 드리십시오. 당신 주위에는 냉담하고 세속적이고 주님을 멀리하며 방황하는 그리스도인들이 있을 것입니다. 그들에게 줄 수 있는 것이 무엇인지를 생각하시오.

당신은 몸의 한 지체로서 다른 지체들을 섬기는 것이 머리이신 주님의 뜻임을 받아들이십시오. 사랑의 영이 부어지기를 기도하십시오. 그리고 지금 시작하십시오.

아무것도 하지 않으면서 말씀을 듣기만 하고 생각만 하는 것을 삼가십시오. 당신이 받은 은혜의 분량에 따라 봉사의 일을 시작하시기 바랍니다. 그러면 더 큰 주님의 은혜 안에 머물게 될 것입니다. 우리가 사역을 위해 우리 안에 역사하시는 성령의 충분한 능력을 믿으시기 바랍니다.

지금 이 글을 쓰기 위해 내 손가락들이 어떻게 70년 동안 항상 내 뜻대로 펜을 움직이는지 내 자신에게 묻습니다. 그 이유는 내 머리가 내 손가락들에게 그렇게 하도록 지시하기 때문입니다. 주님은 "나를 믿는 자는 내가 하는 일을 할 것이라"라고 말씀하신 대로, 머리이신 주님은 모든 지체 안에서 역사하십니다.
우리의 약한 것을 온전케 하시는 그리스도의 능력을 믿는 믿음은 부르심 받은 일을 할 수 있도록 우리에게 능력을 공급하신다는 것을 믿습니다.
몸의 각 지체는 오직 몸을 세우기 위해서 살아야 합니다. 모든 성도가 이 위대한 진리의 능력에 눈을 뜨도록 하나님께 부르짖기 바랍니다.

Insight

❶ 진정한 사역자가 되기 위해 머리이신 그리스도와의 친밀하고 겸손한 교제를 통하여 그분의 능력 안에서 인도하심을 받아야 합니다.

❷ 그리고 그리스도의 지체들을 사랑 안에서 섬기며 도우며 서로 충만한 교제가 되고자 해야 합니다.

❸ 이로서 부르심받은 우리가 주님을 섬기고 주님을 드러내는 일꾼으로 살아가게 하는 것입니다.

사랑 안에서
스스로
세우느니라

사역파 제자도

16

사랑 안에서
스스로 세우느니라

> 오직 사랑 안에서 참된 것을 하여
> 범사에 그에게까지 자랄지라
> 그는 머리니 곧 그리스도라
> 그에게서 온 몸이 각 마디를 통하여
> 도움을 받음으로 연결되고
> 각 지체의 분량대로 역사하여
> 그 몸을 자라게 하며 사랑 안에서
> 스스로 세우느니라 {엡 4:15,16}

사도 바울은 이 본문 성구에서 지체들을 성장하게 하고 세워지는 것에 대해 말씀하고 있습니다. 성장과 세워짐에는 이중적인 기준이 적용됩니다. 이미 지체가 된 사람들을 영적으로 연합하고 강건하게 하여 교회(몸)의 건강을 지키는 것과 아직 교회에 연합되지 못한 사람들을 부르시고 함께 모여 교회를 세우게 하는 것을 포함합니다.

이는 앞 챕터에서 언급했듯이, 성도의 상호 의존성과 서로를 돌보는 부르심에 관한 것입니다. 그러나 이 챕터는 다른 측면의 성장에 대해 알아보고자 합니다. 그것은 그리스도 몸의 모든 지체들이 사랑의 수고를 통하여 아직 지체가 되지 않은 사람들을 불러 모아 몸을 성장시키는 데 대한 부르심입니다. 사랑 안에서 그리스도의 몸이 성장하고 세워지는 것은 오직 각 사람이 자기 분량대로 사역할 때 가능합니다.

아이의 몸을 생각해보십시오. 아이의 몸이 어떻게 장성한 어른의 키에 다다르게 될까요? 각 지체가 분량대로 일하는 것 외에 다른 방법이 없습니다. 몸의 각 기관이 음식을 요구하고 취하고 소화하여 활동하듯이, 몸은 스스로 자기를 세우면서 성장합니다. 몸 밖이 아니라 몸 안에서 성장하게 하는 활동이 진행됩니다.

이와 마찬가지로, 교회가 그리스도의 장성한 분량까지 성장하기 위한 다른 방법이 없습니다. 우리가 머리이신 그리스도의 장성한 분량까지 자라듯이, 또한 머리이신 그리스도에게서 온몸이 각 마디를 통하여 도움을 받게 되고 각 지체의 분량대로 역사하여 그 몸을 자라게 하며 사랑 안에서 스스로 세우는 것입니다. 이것은 어떤 의미를 담고 있을까요?

그리스도의 몸은 세상의 모든 성도들로 이루어져 있습니다. 몸이 사랑 안에서 스스로 세우지 않는다면 모든 지체들이 모일 수 있는 방법이 없습니다. 머리이신 주님은 이 사역을 그의 지체들이 하도록 완전히 위임하셨습니다.

성경은, 자연이 우리 몸에 대해 가르치고 그리스도의 몸에 대해 가르친다고 하고 있습니다. 어린아이의 머리는 성장하기 위해 의지대로 계획할 수 있지만, 각 지체 스스로 해야 할 일을 하지 않는다면 그 계획과 의지들은 헛된 것이 되고 맙니다.

그리스도 예수는 그의 몸인 교회의 성장과 세워짐을 우리에게 맡기셨습니다. 주님은 머리가 몸의 성숙과 보살핌을 위하여 온전하게 살아있는 것같이, 그분의 몸의 모든 지체, 가장 약한 지체라고 할지라도, 사랑 안에서 동일하게 몸을 세워가기를 요구하고 기대하십니다. 모든 성도는 몸의 성장을 위하여 살며 일하는 것, 그리고 아직 지체가 되지 못한 모든 사람을 불러모으는 사역을 의무와 행복으로 여겨야 합니다.

그리스도 몸의 지체들이 이 부르심을 받아들이게 하는데 필요한 것은 무엇이며, 그들이 이 부르심에 대하여 알고 수행하려고 훈련하고 조력하는 데 필요한 것은 무엇일까요? 우리에게 하나가 필요한데, 그것은 중생과 믿음이 진정한 사역을 위해 유일하게 필요하다는 점을 인정하는 것입니다. 예수 그리스도께서 우리 안에 살아계시면, 우리가 그리스도의 몸을 위하여 마음을 다해 살아가는 일이 쉽고 자연스럽고 즐겁습니다. 손가락들이 머리의 의지와 활동에 자연스럽게 반응하는 것과 같이, 그리스도 몸의 지체들은 머리의 지시에 반응하여 자라고 세워집니다.

지금까지 언급한 것들을 요약하고자 합니다.

머리이신 주님은 세상의 영혼들을 모으고 자기의 몸을 세우시는 큰 사역을 위해 지체들의 사역에 전적으로 의존하십니다. 주님뿐만 아니라 멸망하고 있는 세상도 교회가 깨어 그리스도의 지체들을 온전하게 하는 사역들을 해내기를 기다리며 부르시고 있습니다.

모든 성도, 곧 가장 약한 성도일지라도 자기가 존재하는 주요 목적대로 살아가기 위해 부르심이 무엇인지를 깨닫기 바랍니다. 이미 주신 은혜대로 봉사하기 위해 헌신한다면, 이 위대한 진리는 권능 가운데 우리에게 계시되고 우리를 다스릴 것입니다.

우리는 주님이 맡기신 사역을 충분히 할 수 있는 권능 안에서 그리스도의 충만한 계시를 받을 때까지 확신을 가지고 기다리기 바랍니다.

Insight

❶ 그리스도 몸의 모든 지체들은 사랑의 수고를 통하여 아직 지체가 되지 않은 사람들을 불러 모아 몸을 성장시키는 일에 부르셨습니다.

❷ 사랑 안에서 그리스도의 몸이 성장하고 세워지는 것은 오직 각 지체가 자기 분량대로 봉사활동을 할 때 가능합니다.

❸ 예수 그리스도께서 우리 안에 살아계시면, 우리가 그리스도의 몸을 위하여 마음을 다해 살아가는 일이 쉽고 자연스럽고 즐겁습니다.

❹ 이미 주신 은혜대로 헌신하면, 이 위대한 진리는 권능 가운데 우리에게 계시될 것이고 우리를 다스릴 것입니다.

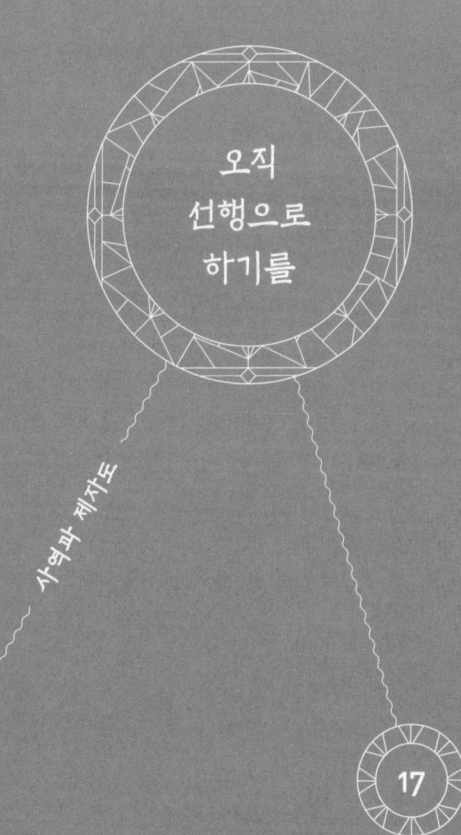

오직
선행으로
하기를

사역마 제자도

17

오직
선행으로 하기를

오직 선행으로 하기를 원하노라
이것이 하나님을 경외한다 하는 자들에게
마땅한 것이니라 {딤전 2: 10}

과부로 명부에 올릴 자는 나이가 육십이
덜 되지 아니하고 한 남편의 아내였던
자로서 선한 행실의 증거가 있어 혹은
자녀를 양육하며 혹은 나그네를
대접하며 혹은 성도들의 발을 씻으며
혹은 환난 당한 자들을 구제하며 혹은
모든 선한 일을 행한 자라야 할 것이요
{딤전 5: 9,10}

바울이 젊은 목사 두 사람에게 그들의 의무를 가르치기 위해 기록한 목회서신 세 권에는 나머지 서신들보다 '선한 일'에 대해 더 빈번하게 언급하고 있습니다. 바울은 로마서 16장에서 각 사람의 이름을 기록하면서 교회들에게 그들이 해야 할 선한 일에 대해 언급합니다. 그는 목사들에게 편지를 쓰면서 그들이 목표로 삼고 있던 그들의 삶과 다른 사람들을 가르치는 사역 모두를 요약할 때 이 표현을 사용해야 했습니다.

목회자는 선한 일들을 위해 준비되어야 하고, 선한 일들을 하기 위해 갖춘 자여야 하며, 선한 일에 본이 되어야 합니다. 그리고 목회자는 '여성의 단장은 선한 일로 하라', '모든 선한 일을 부지런히 구하라', '선한 일에 칭찬 받는 사람이 되라', 선한 일을 많이 하라', 선한 일에 열심을 내라', 선한 일을 위해 준비하라', 선한 일을 유지하기 위해 주의하고 배우라'라고 그리스도인들을 가르쳐야 합니다. 무엇보다 선한 일이 절대적으로 필요한 곳은 가정입니다. 그만큼 선한 일은 그리스도인 삶의 본질이고 중요한 것입니다.

본문 첫 성구에서 그리스도인 여성의 선한 일에 대해 말씀하고 있습니다. 그들은 땋은 머리와 금이나 진주나 값진 옷으로 단장하지 말고 오직 선행으로 경건한 여자들이 되라는 가르침을 받았습니다.

우리는 단장한다는 것이 무엇인지를 압니다. 겨울이 오면 나무는 잎이 다 떨어지지만 생명은 여전히 살아 있습니다. 그 나무는 봄이 오면 아름다운 옷으로 갈아입고, 무성한 잎과 꽃으로 단장하여 즐거워하는 것입니다.

그리스도인 여성의 단장은 땋은 머리나 진주나 옷이 아니라 선한 일에 있습니다. 여성뿐만 아니라 그리스도인들의 단장은 개인의 의무와 행실을 가리키는 선한 일이든지, 그들의 이웃들을 기쁘게 하고 돕는 목적이 있는 자선적 행위든지, 영혼들의 구원을 위해 더욱 드러나게 하는 선한 일이든지, 하나님을 기쁘시게 하는 것입니다.

이것은 참된 천국의 아름다움을 주고, 진실로 다른 사람들을 하나님께 이끌어 그분을 섬기도록 하고, 이렇게 되고자 간구해야 합니다. 요한은 신부가 신랑을 위해 단장한 것 같은 거룩한 성이 하늘에서 내려오는 것을 보았습니다(계 21:3). 여성 그리스도인들은 자신을 사랑하신 주님을 기쁘게 하려고 단장해야 합니다.

두 번째 성구에서 우리는 초대교회 안에서 과부의 명부에 올려진 과부들에 대해 읽게 됩니다. 그리고 젊은 여자들에게 책망이 주어졌고(11절), 선한 행실의 증거가 없는 과부들은 명부에 올려지지 않았습니다.

"혹은 자녀를 양육하며 혹은 나그네를 대접하며 혹은 성도들의 발을 씻으며 혹은 환난 당한 자들을 구제하며 혹은 모든 선한 일을 행한 자라야 할 것이요."

만약 그녀가 가정에서나 집 밖에서나 자녀를 잘 양육하고, 나그네와 성도와 환란 당하는 자들을 보살피며 선한 일을 행했다면, 그녀는 다른 사람들의 모범과 인도자가 되기에 알맞은 사람으로 여김 받을 것이 분명합니다.

과부의 명부에 올려지기 위한 기준은 다소 높습니다. 이 기준은 초대교회 안에서 선한 일이 어떻게 행해졌는지를 보여주며, 여성들이 사랑을 베푸는 복된 사역을 어떻게 칭찬했고 격려했는지를 보여줍니다. 이것은 그리스도인의 삶이 성장하게 하기 위해 생명을 드려 선한 일을 행하는 것만큼 영향을 주는 것은 없다는 것을 말하고 있습니다.

선한 일은 그리스도인 삶의 한 부분이며, 개인의 건강과 성장 및 교회의 세워짐에 불가결한 것입니다. 수많은 여성 그리스도인들이 선한 일에 능동적으로 참여하는 것은 단순히 선한 일을 하는 것에 그치지 않습니다. 그들은 순전한 복음을 전파하기 위해 기다리고 있는 것입니다. 이 복음은 그들이 주님을 위하여 일할 수 있도록 격려하고 돕고 힘을 주어서 그들도 선한 일을 부지런히 한 것에 대한 증거가 따르도록 합니다.

보석이나 값비싼 옷으로 단장하는데 빼앗긴 여성들의 시간과 돈과 생각과 마음은 진정한 사역의 목적을 이루기 위해 부인되고 회복되어야 하는 것입니다.

경건은 더는 개인의 안전을 위한 이기적인 욕심거리가 되지 않아야 하며, 궁핍한 사람들의 도움과 구원이 되시는 그리스도를 닮아가는 것을 즐거워해야 합니다.

그리스도를 위한 사역은 그들의 최상의 존재 형식이며, 참된 단장이어야 합니다. 그리고 이 땅의 일꾼으로서 부지런히 사역을 감당하는 것은 사람됨의 명성과 고귀함을 말해주는 진정한 요소이듯이, 그리스도를 섬기기 위해 선한 일을 부지런히 하는 것은 최고의 상을 얻고 주님께는 가장 큰 기쁨을 드리는 것입니다.

Insight

❶ 우리는 교회와 학교와 선교회에서 여성이 감당할 수 있는 경이로운 직분을 감당하도록 일깨워야 합니다. 세상에 감동을 주는 왕의 딸들의 단장함은 주님을 기쁘시게 하고, 선한 행실이 그들로 하여금 주님의 임재 안에 들어가게 하는 것이라는 진리를 가정에서 가르쳐야 합니다.

❷ 하나님의 연약한 형상이며 그리스도의 온순하고 온유한 여자는 남자에게 오래 참음의 아름다움과 능력, 그리고 사랑의 희생적 섬김을 가르쳐줍니다.

❸ 사랑의 섬김을 위한 훈련은 가정생활에서 시작하고 방안에서 강화됩니다. 그렇게 되면 주변에 있는 궁핍한 사람들에게 다가가게 되고, 그리스도께서 생명을 주신 세상의 모든 사람을 찾게 됩니다.

선한 일은 그리스도인 삶의 한 부분이며,
개인의 건강과 성장 및 교회의 세워짐에
불가결한 것입니다.

- 앤드류 머리, 133쪽 중에서 -

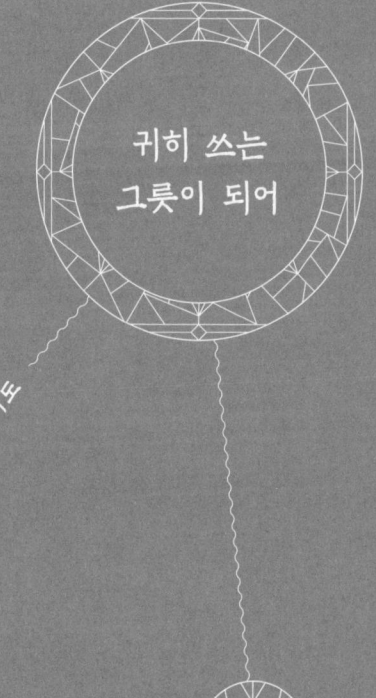

귀히 쓰는 그릇이 되어

사역과 제자도

18

귀히 쓰는 그릇이 되어

> 그러므로 누구든지
> 이런 것에서 자기를 깨끗하게 하면
> 귀히 쓰는 그릇이 되어
> 거룩하고 주인의 쓰심에 합당하며
> 모든 선한 일에 준비함이 되리라
> {딤후 2:21}

바울은 견고하게 세워진 하나님의 터(딤후 2:19)에 대해, 그 터에 세운 큰 집인 교회에 대해, 그리고 금그릇과 은그릇처럼 귀하고 오래 가는 그릇뿐만 아니라 나무그릇과 질그릇같이 천하고 오래 가지 못하는 그릇에 대해 말했습니다. 바울은 자신이 언급한 사람들 곧 어리석고 무식한 변론을 하는 사람들이나 모든 죄악에서 떠나기를 진심으로 바랐던 사람들을 분류했습니다.

본문 성구에서 바울은 하나님의 큰집에서 귀하게 쓰이는 그릇의 4단계를 제시했습니다. 4단계는 자기를 죄에서 깨끗하게 하고, 거룩하게 되고자 하고, 주인이 쓰시기에 합당하게 되는 것입니다. 이것이 선한 일을 하기 위해 준비해야 하는 것입니다.

우리가 선한 일을 갈망하거나 시도하는 것만으로는 충분하지 않습니다. 이 땅에서 해야 할 모든 일을 위하여 준비되려면 훈련과 보살핌이 필요한 것처럼, 깨끗한 그릇의 주요 특징인 모든 선한 일을 위해 제대로 준비할 필요가 있습니다.

"누구든지 이런 것에서 자기를 깨끗하게 하면"

우리는 귀하게 쓰임 받지 못하는 그릇들을 상징하는 것에서 자기를 깨끗히 해야 합니다. 우리는 사용 중인 그릇과 컵은 깨끗히 닦으려고 합니다. 그렇다면 하나님의 집에서 사용되는 그릇은 더 깨끗해야 합니다. 그리고 모든 선한 일에 진정으로 준비된 모든 사람은 무엇보다 죄로부터 자신을 깨끗히 해야 합니다.

그리스도는 우리를 죄에서 깨끗히 하시기 전에 구원사역을 마치고 천국으로 가실 수 없었습니다. 우리가 죄에서 깨끗히 되지 않고 어떻게 주님의 일에 동역자가 될 수 있겠습니까?

"내가 여기 있나이다 나를 보내소서"

이렇게 이사야가 말하기 전에 그의 입술은 천국의 불이 대어졌고, "네 악이 제하여졌다"라는 음성을 들었습니다. 모든 죄에서 깨끗히 되고자 하는 열망은 진정한 사역을 위한 기초입니다.

"귀히 쓰는 그릇이 되어"

깨끗히 되었다는 것은 소극적인 의미로서 자신을 비우고 자신 속에 있는 부정한 것들을 전부 제거하는 것을 일컫습니다. 성화 된다는 것은 적극적인 의미로서 하나님에게 속하도록 하시는 성결의 영이 우리를 충만하게 하여 성령 안에서 하나님의 거룩하심에 참예하는 자가 된다는 것입니다.

먼저 우리 자신을 육체와 영혼의 모든 더러운 것들에서 깨끗히 합시다. 여호와를 경외하면서 온전히 거룩해지기 바랍니다. 성전에서 쓰는 그릇들은 단지 깨끗히 되어야 하는 것이 아니라 하나님 한 분만 섬기기 위해 거룩하게 바쳐져야 합니다.

하나님을 위해 진실한 사역자는 거룩함을 좇으며, 거룩함 안에서 심령이 세워지며, 생각과 기질이 거룩하게 길들여지고, 하나님의 일에 합당하게 자신을 드리고 하나님의 임재를 느낍니다. 죄에서 깨끗히 된다는 것은 성령으로 충만하다는 것입니다.

"주인의 쓰임에 합당하며"

우리는 주님이 사용하시는 그릇입니다. 우리의 행위는 그리스도께서 사용하시고 우리를 통하여 일하시는 것입니다. 종이 되는 것, 주인의 지도를 받는 것과 주인의 감독 아래 일하는 것, 주인의 쓰임받는 도구가 되는 것, 주인의 강한 능력으로 일하는 것은 사역의 근원입니다. 이것은 우리의 끊임없는 의지와 평온한 믿음을 유지하게 합니다. 그렇게 되어야 주님은 우리를 통해 일을 하실 수 있습니다.

이로써 사역 모두 주님의 것이라는 축복된 인식을 가지고, 사역자가 더 많이 쓰임받을수록 더 겸손해지게 됩니다. 주님은 우리를 주님이 쓰시기 합당한 사람들로 인도하십니다.

"모든 선한 일에 준비함이 되리라"

준비함, 이는 사역을 위해 준비되고 갖추었다는 의미뿐만 아니라 자신을 내려놓고 주님을 바라보도록 하는 것이며, 주님의 일을 하게 될 때마다 최선을 다해 기쁘게 감당하려는 것을 의미합니다. 주 예수의 어루만지심을 받으며 살아가고, 깨끗하고 정결한 그릇처럼 자신을 지키고, 주님이 쓰시기에 합당한 사람이 되고, 자신이 구원받은 것은 선한 일을 위함이라는 것을 드러내고,

자신과 주님과의 교제가 증명되었다면, 이는 주님을 위해 살고 있다는 것을 말하고 있습니다. 그는 선한 일을 위해 준비된 것입니다.

Insight

❶ "주인의 쓰임에 합당하며"라는 본문 말씀은 이 챕터의 중심 사상입니다. 그리스도와의 친밀한 관계, 주님의 뜻에 전적으로 순종함, 주님의 쓰임을 받기 위해 의지하고 사모하기, 주님은 우리를 쓰실 것이라는 즐거운 확신, 이와 같은 믿음이 진정한 사역의 비밀입니다.

❷ 주님이 살아계시고 사랑하시는 주님의 손에 자신을 의탁하는 것에서 사역을 시작해야 합니다.

사역과 제자도

선한 일을 위해
온전히 갖추라

19

선한 일을 위해 온전히 갖추라

너는 진리의 말씀을 옳게 분별하며
부끄러울 것이 없는 일꾼으로 인정된
자로 자신을 하나님 앞에 드리기를
힘쓰라
{딤후 2:15}

모든 성경은 하나님의 감동으로 된
것으로 교훈과 책망과 바르게 함과 의로
교육하기에 유익하니 이는 하나님의
사람으로 온전하게 하며 모든 선한 일을
행할 능력을 갖게 하려 함이라
{딤후 3:16,17}

부끄러울 것 없는 일꾼은 자기가 한 일을 주인이 점검한다고 해도 두렵지 않습니다. 그는 마음을 다한 헌신과 철저함과 능숙하게 일 처리를 해서 인정받기 위해 온힘으로 자신을 드립니다. 하나님의 일꾼은 하나님을 믿는 자로서 자신을 힘써 드려야 합니다. 그리고 자신이 한 일이 하나님께 가치있고 기쁨이어야 합니다. 부끄러울 것 없는 일꾼이 되어야 하는 것입니다.

일꾼은 자기가 하는 일이 무엇인지 알고, 그 일을 이루기 위해 자신이 가진 것을 드리고, 일꾼으로 인정된 자로서 맡은 일을 잘하는 것이 기쁨이어야 합니다. 목회자와 사역자는 주인의 인정을 받기 위해 주인을 바라보고 기대하는 일꾼입니다.

"너는 진리의 말씀을 옳게 분별하며"
하나님의 말씀은 씨앗이며 불과 방망이, 검과 떡과 빛입니다. 이 영역들 중에 하나라도 속해 있는 일꾼은 사역자의 모본입니다.
하나님을 위한 사역은 하나님의 말씀을 옳게 분별하는 것에 달려 있습니다. 그러므로 두 번째 본문 성구는 우리가 하나님의 말씀에 순종하고 그 말씀의 능력을 경험하는 것은 선한 일을 위해 온전히 준비되게 하는 방법이라고 말씀합니다.
하나님의 일꾼은 성경이 하나님의 감동으로 기록되었다는 점과 성경은 생명을 주신 하나님의 능력이라는 것을 알아야 합니다. 성경으로 감동되었다는 것은 성령께서 씨앗에 생명을 불어넣으신 것이고, 성령께서 그 말씀 안에 계신다는 것입니다.
말씀 속에 계신 성령과 우리 마음속에 계신 성령은 같은 분입니다. 우리가 우리 안에 계시는 성령의 능력으로 충만한 말씀을 받아들이면 영적인 사람입니다.

이 말씀은 하나님의 계시를 가르치고, 우리의 죄와 실수를 발견하여 책망하고, 잘못된 것을 바르고 선한 것이 대신하게 하고, 의로 교육하여 하나님 앞에서 행하는 데 필요한 지식을 공급합니다.

이 모든 것에 전적으로 자신을 드리고, 성령 충만한 말씀이 자기 존재를 지배하게 하는 사람은 선한 일을 위하여 온전하게 준비된 하나님의 사람입니다. 그는 하나님의 말씀을 옳게 분별하여 하나님의 인정을 받아 부끄러울 것이 없는 일꾼입니다.

그러므로 하나님의 사람은 두 가지 특징이 있는데, 하나는 성령의 감동으로 기록된 말씀이 그의 삶을 온전하게 만들었다는 것이고, 다른 하나는 그가 말씀을 옳게 분별하여 모든 사역을 감당한다는 것입니다.

하나님의 사람은 선한 일에 온전히 준비되어야 합니다. 앞 챕터에서 일꾼은 자기의 삶을 깨끗하고 성결하게 하여 선한 일에 준비되어 주인이 쓰시기 좋은 그릇이 되게 해야 한다는 것을 배웠습니다. 여기에서 동일한 교훈을 얻습니다. 그 교훈은 하나님의 사람 곧 하나님의 말씀으로 자기를 책망하고 바르게 하고 교육하도록 하는 사람은 선한 일에 온전하고 완전하게 준비된 사람이라는 것입니다. 선한 일을 위해 준비됨은 하나님의 일을 하는 모든 일꾼이 목표로 삼아야 합니다.

한 일꾼은 자기가 하나님 일을 하기에 준비가 불완전한지를 의식하면서 어떻게 해야 선한 일을 위해 완전히 준비할 수 있는지를 묻습니다. 그의 물음에 대해 부끄러울 것 없는 세상 일꾼의 비유가 적절한 대답일 것입니다.

세상 일꾼은 자기의 성공이 무엇보다 그 일을 헌신적으로 했기에 얻었다고 말합니다. 그는 자기의 일에 큰 관심을 두었습니다. 그 일을 숙달하기 위해 다른 것들을 뒤로하고 집중합니다. 자기 일을 완전하게 하기 위한 학습으로 여깁니다.

그리스도의 일을 최우선이 아니라 둘째로 여기고 행하는 사람들과 그 일을 위해 자신을 기꺼이 희생할 마음이 없는 사람은 결코 선한 일을 위해 준비되었다고 할 수 없습니다. 세상 일꾼은 인내로써 훈련하고 실천했다는 것입니다. 일의 숙달은 오로지 수고의 고통을 통해서 이루어졌을 뿐입니다.

이제 당신은 하나님의 일을 올바르게 하는 방법과 무슨 일을 해야 하는지를 모르고 있다는 것을 느낄 것입니다. 두려워하지 마십시오. 모든 학습은 무지와 실수를 바탕으로 시작됩니다. 용기를 내십시오.

하나님께서 놀라운 능력을 주셔서 이 세상에 숙련되고 노련한 일꾼들로 가득하게 하셨는데, 하물며 하나님의 자녀들이 하나님의 일꾼이 되는데 필요한 은혜를 더 많이 주시지 않겠습니까?

하나님은 하나님을 영화롭게 하고, 세상을 축복하고, 사역을 통해 품위 있고 온전한 삶을 살아가는데 필요한 것을 공급하십니다. 당신이 선한 일을 위해 완전하게 준비된 일꾼이 되도록 즉시 반응하고 꾸준하고 부지런하게 하실 것입니다.

우리는 사역을 하는 동안 올바르게 사역하는 방법을 배웁니다. 훈련하면서 사역을 시작하십시오. 주님은 그분의 일을 당신 안에서 온전하게 하시고, 그분을 위한 사역에 적합한 일꾼이 되게 하십니다.

Insight

❶ 하나님께서는 세상 사람들이 그분께로 돌아오게 하려고 일하십니다.

❷ 모든 성도는 이 사역에 동참해야 합니다.

❸ 하나님께서는 하나님의 일에 온 마음을 드리고 그 일을 즐거워하는 숙련된 일꾼들이 되기를 원하십니다.

❹ 하나님께서는 우리 안에서 역사하시고, 감동을 주시고, 그 일을 하도록 힘을 불어넣어 주시므로 하나님의 일을 행하십니다.

❺ 하나님께서 요구하시는 것은 순종과 믿음으로 하나님께 헌신하는 마음과 삶입니다.

❻ 하나님의 일이 전부 사랑이듯이 사랑은 우리 안에서 역사하며 우리로 하여금 일하도록 감동하며 그 목적을 이룰 수 있도록 하는 능력입니다.

선한 일을 위해 준비됨은
하나님의 일을 하는 모든 일꾼이
목표로 삼아야 합니다.

- 앤드류 머리, 147쪽 중에서 -

선한 일을 하는 백성 되게

사역과 제자도

20

선한 일을 하는 백성 되게

그가 우리를 대신하여
자신을 주심은
모든 불법에서 우리를 속량하시고
우리를 깨끗하게 하사
선한 일을 열심히 하는
자기 백성이 되게 하려 하심이라
{딛 2:14}

                      이 챕터의 본문 성구는 두 가지 진리에 대한 것인데, 하나는 그리스도께서 우리를 자기 백성이 되게 하려고 행하시고, 다른 하나는 주님이 우리에게 기대하는 것을 말하고 있습니다.

앞 챕터에서 우리를 위한 그리스도의 풍성하고 아름다운 사역에 대해 알았습니다. 주님은 우리를 위하여 자신을 주셨고, 우리를 모든 불법에서 속량하시고, 주님 일에 쓰시려고 깨끗하게 하셨으며, 주님의 백성이 되게 하셨습니다. 이 모든 것의 목적은 우리가 선한 일에 최선을 다해야 하는 것입니다.

이 경이로운 구절의 마무리는 선한 일에 헌신하는 것이 중요하고 실제적인 것입니다. 선한 일에 헌신합시다. 선한 일에 헌신하는 사람들이어야 합니다. 그리스도는 우리를 선한 일에 열정적으로 쓰임받기를 기대하십니다.

선한 일을 하는 성도 되기를 일깨우는 첫째는 선한 일의 필요성이 중대하고 긴급하다고 인식하는 것입니다. 선한 일의 필요는 열정을 일으키고, 마음과 의지를 움직이고, 우리의 에너지를 힘차게 회복시킵니다.

선한 일에 대한 필요는 수많은 사람을 율법에 대한 열심을 품도록 만들었습니다. 자신들이 행하는 일이 그들을 구원하기를 소망했습니다. 그러나 복음은 율법의 동기를 제거해버렸습니다. 그렇다고 해서 복음이 선한 일의 필요성을 완전히 제거한 것일까요? 아닙니다. 실제로 선한 일의 긴급한 필요를 율법시대보다 더 높은 자리에 올려놓았습니다.

그리스도께서는 긴급하게 선한 일을 필요로 하십니다. 우리는 주님의 종이며, 주님 몸의 지체들입니다. 주님은 우리 없이 이 땅에서 주님의 일을 이루실 수 없습니다. 수십억의 구원 받지 못한 사람들을 위해 사역은 매우 중요하여 한 사람의 일꾼도 방관하게 할 수 없습니다.

오늘날 수많은 그리스도인들은 자신의 사업과 자신의 일은 긴급하다고 느끼고 소중히 여기면서, 자신에게 위임된 그리스도의 선한 일은 긴급함에 대한 개념은 갖지 못하고 있습니다. 교회는 모든 성도들을 일깨우는 진리를 가르쳐야 합니다.

그리스도께서 선한 일을 긴급하게 필요로 하시는 것과 같이 세상도 우리의 선한 일을 긴급히 필요로 합니다. 우리는 사람들이 강물에 휩쓸려가면 온 힘을 다해 그들을 구해야 하는 것입니다. 당신 주변에 구원받아야 할 남자와 여자, 아이들이 있을 것입니다. 오, 복음의 소식을 듣도록 전하십시오. 그리스도는 멸망하고 있는 세상에 보내진 자기 백성이 마음과 영혼과 몸을 다해 주님 사랑의 사역에 헌신하기를 기대하십니다.

"그가 우리를 대신하여 자신을 주심은 모든 불법에서 우리를 속량하시고 우리를 깨끗하게 하사 선한 일을 열심히 하는 자기 백성이 되게 하려 하심이라"

선한 일의 위대한 요소 중에 두 번째는 우리가 선한 일을 하면서 기뻐해야 한다는 것입니다. 제자들이나 학생들은 자기의 일을 대부분 의무감으로 시작합니다. 자기 일을 배우고 이해하고 즐기고자 할 때 기쁘게 열심히 수행하게 됩니다.

교회는 그리스도인에게 선한 일을 마음에 두고 숙련된 일꾼이 되기까지 훈련하고 지도해야 합니다. 그리스도의 자비와 사랑의 일을 나누는 것보다 더 큰 기쁨은 없습니다. 육체와 정신의 활동이 우리에게 즐거움을 주듯이, 수많은 영혼을 위한 헌신과 열심, 그리고 그리스도를 영적으로 섬길 때 우리에게 열정이 생깁니다. 우리에게 최고의 동기부여는 구속자 그리스도와 인격적으로 하나가 되는 것입니다.

"그리스도의 사랑이 우리를 강권하시는도다"(고후 5:14)

우리를 향한 그리스도의 사랑은 그분을 향한 사랑의 근원이며 표준입니다. 마찬가지로 주님을 향한 사랑이 영혼들을 향한 사랑의 근원이며 표준입니다. 성령께서 우리 마음에 넓게 펼쳐진 사랑 곧 신적 교통으로서의 사랑은 우리 안에 계신 성령께서 날마다 새롭게 하심으로써 우리를 새롭게 하십니다.

이 사랑이 그리스도를 향한 열심이 되고, 이 열심이 곧 선한 일을 위한 열심히 되게 합니다. 이 열심이야말로 이번 챕터의 본문 성구 중 두 부분인 교리와 실천을 하나로 묶어주는 고리 역할을 하고 있습니다.

그리스도의 사랑 곧 우리를 위해 죽기까지 하시고, 우리를 모든 불법에서 속량하시고, 깨끗하게 하시고, 영원한 인자하심으로 백성으로 삼으시고, 우리의 마음속에서 믿어지고 알아지게 하는 그 사랑은 구원받은 영혼을 위해 선한 일에 열심이게 합니다.

"선한 일을 열심히!"

가장 어린 성도든지 가장 약한 성도든지, 성도라면 누구나 이 은혜를 찬양하십시오. 이 은혜는 신적이며, 우리 주님의 사랑 안에서 예비되고 확증되었습니다. 선한 일을 열심히 하는 것을 소명으로 받아들입시다. 이것은 우리 안에 있는 새 생명의 본질임을 확신합시다. 그리스도는 진실로 우리 안에서 역사하십니다.

Insight

❶ 그리스도께서 선한 일을 긴급하게 필요로 하시는 것과 같이 세상도 우리의 선한 일을 긴급히 필요로 합니다.

❷ 교회는 그리스도인에게 선한 일을 마음에 두고 숙련된 일꾼이 되기까지 훈련하고 지도해야 합니다.

❸ 주님을 향한 사랑이 영혼들을 향한 사랑의 근원이며 표준입니다.

❹ 선한 일을 열심히 하는 것을 소명으로 받아들입시다. 이것은 우리 안에 있는 새 생명의 본질임을 확신합시다.

선한 일의 필요는 열정을 일으키고,
마음과 의지를 움직이고,
우리의 에너지를 힘차게 회복시킵니다.

- 앤드류 머리, 153쪽 중에서 -

사역과 제자도

선한 일
행하기를
준비하게 하라

선한 일 행하기를 준비하게 하라

> 너는 그들로 하여금
> 통치자들과 권세 잡은 자들에게
> 복종하며 순종하며
> 모든 선한 일 행하기를 준비하게 하며
> {딛 3:1}

"그들로 하여금"이라는 말씀은 성도들이 그들 앞에 놓인 선한 일에 대한 부르심을 인식할 필요를 시사하고 있습니다. 건강한 나무는 임의로 열매를 맺습니다. 성경은 성도의 삶이 오직 가르침을 받을 때 성장하고 열매 맺게 된다는 것과 생각과 의지와 마음을 다스리는 영향력에 대해 교훈하고 있습니다.

다른 사람을 섬기는 일을 하는 사역자들은 모든 그리스도인, 특히 어리고 약한 그리스도인들이 선한 일을 하도록 준비하고 가르치고 훈련할 수 있게 하나님이 주신 지혜와 성실함이 필요합니다.

이제 이러한 훈련에 대해 몇몇 주요 내용을 숙지하기 바랍니다.

- 성도들에게 선한 일이 무엇인지를 분명하게 가르치십시오.
- 하나님의 율례에 계시된 것과 같이 하나님의 뜻 안에서 기초를 놓고, 그들에게 정직과 의와 순종이 어떻게 그리스도인의 성품의 토대가 되는지를 보여주십시오.
- 날마다 해야 할 일, 그리고 사람들과의 관계 안에서 진정한 기독교를 어떻게 전파해야 하는지를 가르치십시오.
- 주님은 특별히 보여주시고 가르치신 겸손과 온유와 친절과 사랑의 덕으로 성도들을 이끌어주십시오.
- 사랑과 자기희생과 덕행이 전적으로 다른 사람들을 생각하고 관심을 두는 것을 의미한다는 것이라고 가르치십시오.
- 선한 일을 하는 진정한 삶을 살도록 하십시오. 그들 영혼이 하나님을 알고 사랑하도록 구원받는 삶이 되게 하십시오.
- 성도들에게 선한 일이 그리스도인의 삶에 어떤 본질적인 부분을 차지하는지를 가르치십시오.

선한 일은 많은 사람이 생각하는 것같이 하나님께서 우리에게 주신 구원의 부차적인 요소가 아닙니다. 그것은 단지 감사의 표시이거나 믿음의 신실함을 증거하거나 우리가 천국에 들어가기 위해 준비하는 것이 아닙니다.

선한 일은 그 이상의 것을 의미합니다. 그것은 우리가 받은 구원의 목적입니다. 우리는 선한 일을 하기 위해 새롭게 창조되었습니다. 오직 선한 일만이 하나님께서 일하시는 것과 같이 인간이 일하도록 창조된 상태로 회복됨의 증거이며, 하나님께서 인간과 함께 일하시고 인간을 통해 일하심의 증거입니다. 하나님께 사랑의 구원사역보다 더한 영광을 주는 것은 아무것도 없습니다.

우리는 하나님을 닮은 사람들이고, 사랑 안에서 일하게 하시고, 우리를 사랑하는 그리스도께서 우리를 위해 대속하시고 우리에게 있던 하나님 형상을 회복하셨습니다. 선한 일은 삶을 드러내게 할 뿐 아니라 삶을 발전시키고 훈련하며 강화하여 온전하게 합니다. 선한 일은 우리 안에 있는 신적 생명의 본질입니다.

- 성도들에게 선한 일이 가져오는 큰 상이 무엇인지 가르치십시오.

모든 일에는 시장가치가 있습니다. 하루에 가까스로 10센트를 벌 수 있는 가난한 사람부터 수백만 불을 벌 수 있는 부자에 이르기까지 선한 일에는 상이 주어진다는 말씀은 그들이 일하도록 독려합니다. 그리스도는 "너희 상이 크리라"하고 말씀하시면서 선한 일을 하라고 호소하십니다.

- 그리스도인들이 하나님의 일을 해서 받는 상보다 더 큰 상은 없다는 것을 이해하도록 하십시오.

사역은 기쁘게 하고 힘을 줍니다. 사역은 자존감과 성취감을 높여줍니다. 사역은 열정을 일깨우고 우수한 특성들을 불러냅니다. 사역이 하나님의 생명과 은혜를 나누는 하나님의 일임을 인식하게 됩니다. 선한 일은 우리를 하나님께 더 가까이 연합하도록 합니다. 하나님 사랑의 구원사역을 할 때보다 하나님과 더 깊이 교제할 때는 없습니다.

사역은 우리에게 하나님의 긍휼을 알게 하고 그분의 목적대로 인도합니다. 사역은 우리에게 하나님의 사랑으로 충만하게 하며, 우리가 하나님께 인정받도록 하고, 우리 주변 사람들에게도 큰 상이 주어집니다.

사람들이 그리스도께 돌아오게 될 때, 나약하고 실수가 많으며 낙담한 사람들을 도와서 그리스도 예수의 은혜와 생명에 참여하는 자들이 되게 할 때, 하나님의 종들은 복되신 주님이 보상하시는 그 기쁨에 참여하게 됩니다.

이제 사역자들에 매우 중요한 것을 살펴보도록 합시다.

- 사람들에게 선한 일을 많이 할 수 있다는 것을 믿도록 하십시오. 사역에 실망과 낙담보다 치명적인 해를 끼치는 것은 없습니다. 하나님의 일을 행할 능력이 없다는 두려움만큼 선한 일을 소홀히 하게 하는 원인은 없습니다.
- 사람들 속에서 성령의 능력이 함께한다는 것을 생각나게 하십시오.
- 사람들에게 하나님께서 언제나 동일한 힘을 약속하시고 예비하신다는 것을 보여주십시오.
- 사람들에게 우리를 부르신 대로 선한 일을 할 수 있는 충분한 은혜가 항상 있다는 것을 보여주십시오.
- 사람들이 그들 안에서 역사하는 능력을 믿고, 생명수의 강이 흘러넘치게 하는 충만함을 일깨워주십시오.
- 사람들이 사랑의 봉사를 시작할 수 있도록 훈련하십시오.
- 사람들 안에 하나님께서 어떻게 역사하시는지를 볼 수 있도록 지도하십시오.

- 사람들이 하나님의 사랑과 은혜로 충만해질 수 있게 깨끗히 비어 있는 그릇처럼 자신들을 주님께 드리도록 지도하십시오.

그들이 실수와 잘못을 하더라도 작은 일에 충성하게 되면, 일하는 것 자체가 그들의 삶에 힘을 주고, 하나님의 일은 그들에게 제2의 본성이 될 것입니다. 하나님께서 교회의 교사들에게 성도들이 선한 일을 하도록 준비하도록 성실히 감당할 사명을 부여하십니다. 교회의 교사들은 성도들을 가르칠 뿐 아니라 훈련해야 합니다.

- 성도들이 할 일을 사람들에게 보여주고, 사람들이 선한 일을 하고 있다면 선한 일에 소망을 품고 하고 싶도록 용기를 내게 도우십시오. 목사의 직분이라면 이보다 더 중요하고 신성한 사역은 없으며, 이보다 더 축복은 없습니다.
- 성도들이 영혼 구원하여 하나님께로 인도하도록 최선을 다해 헌신하게 하십시오. 이 사역은 교회와 세계를 변화시킬 것입니다!

Insight

❶ 위대한 기초원리를 견고히 붙잡으십시오. 그리스도의 몸의 각 성도 곧 각 지체는 온 몸의 후생을 위해서 해야 할 일이 있습니다.

❷ 목사들은 성도들이 사랑 안에서 봉사와 섬김의 일을 감당할 수 있도록 온전케 해야 할 사명을 위임받았습니다.

❸ 그리스도는 교회의 사역자들과 지체들이 주님을 앙망하게 되면 그들 안에서 강력하게 역사하실 것입니다.

사역파 제자도

좋은 일에
힘쓰기를
배우라

22

좋은 일에 힘쓰기를 배우라

> 이는 하나님을 믿는 자들로 하여금
> 조심하여 선한 일을 힘쓰게 하려 함이라
> 이것은 아름다우며 사람들에게
> 유익하니라… 또 우리 사람들도
> 열매 없는 자가 되지 않게 하기 위하여
> 필요한 것을 준비하는
> 좋은 일에 힘 쓰기를 배우게 하라
> {딛 3:8b,14}

본문 성구(딛 3:8b)에 기록된 말씀에서, 바울은 디도에게 세상 끝까지 복음의 진리를 담대히 증거할 것을 요구하면서 하나님을 믿는 자들로 하여금 조심하여 선한 일을 힘쓰게 하라고 설명했습니다.

믿음과 선한 일은 뗄래야 뗄 수 없는 관계입니다. 성도가 선한 일을 잘 하도록 지도하는 것은 목회자 사역의 주요 목표이기도

합니다.

바울은 본문 성구(딛 3:14)에서 그 가르침을 반복하면서 성도들이 세상 일을 배우듯이, 그리스도인 삶의 선한 일을 올바르고 풍성하게 하기 위해 생각하고 적용하는 것과 알기 쉽게 가르치는 태도를 취하는 것이 동일하게 필요하다고 말하고 있습니다.

이 책의 독자 중에 적어도 한 사람 이상은 하나님의 말씀이 가르치는 대로 살지 못하면서 온전히 준비하지도 못했고, 선한 일을 위한 열심이 얼마나 부족한지를 느꼈을 것입니다.

옛 습관을 버리고 사회적 기준에서 벗어나 하나님께 영광이 되는 선한 일로 충만한 삶을 깨우치고 실제로 그런 삶을 살아가는 것은 매우 어렵습니다.

그래서 사역자 훈련에 도움이 되는 제안을 하려고 합니다. 이런 제안들은 선한 일이 제대로 이루어지도록 가르치고 배우는 과정을 보여줄 것입니다. 청년 사역자들은 다음 메시지에 귀기울이시기 바랍니다.

❶ 사역을 배우고자 한다면 사역을 시작함으로써 배울 수 있습니다. 수영이나 음악이나 새로운 언어나 무역은 실제로 그것을 하지 않고서는 배울 수 없습니다. 사역을 할 수 없을

것 같은 두려움이나 어쩐지 쉽게 해결할 수 있는 상황이 벌어질 거라는 기대감이 당신이 사역을 하지 못하게 할 수 있습니다. 이를 허락하지 마십시오.

선한 일 곧 사랑의 일은 그것을 시작함으로써 배우십시오. 비록 그것이 불분명할지라도 곧바로 실천에 옮기십시오. 고통을 당하는 사람에게 친절한 말과 작은 도움을 주거나 모르는 사람이나 가난한 사람에게 사랑의 관심을 보이거나 앉을 수 있는 의자나 쉴 만한 공간이 필요한 사람에게 희생하는 것을 시작하십시오.

우리가 처음에 거둘 곡식은 적습니다. 당신은 그저 사역이 주님을 기쁘시게 한다는 생각을 품고 행하십시오. 사역은 오직 행함으로 배우게 됩니다.

❷ 사역에 당신의 마음을 두고 관심과 즐거움을 가져야 합니다. 즐겁게 사역한다는 것은 그 사역의 성공을 보장합니다. 당신 주위에 있는 수십 만의 사람들 곧 세상 일에 정신을 빼앗긴 영혼들에게 복되신 주님을 섬기도록 가르치십시오. 선한 일을 하면서 사랑 안에서 다른 사람을 섬기는 일의 영광과 명예를 떠올리기 바랍니다.

사람들을 사랑하고 구원하고 축복하는 것은 하나님의 일입니다. 하나님께서는 당신 안에서, 그리고 당신을 통해 그 일을 행하십니다. 사역은 그리스도의 영과 형상에 참여하는 자가 되게 하고, 성품을 강화합니다. 행함이 없이는 사람을 세우기보다 정죄하기 쉽습니다. 당신이 행한 그 만큼 진정으로 살게 될 것입니다.

사람들에게 선을 베푸는 것과 사람들과 교통하는 삶과 사람들을 행복하게 하는 것의 존엄한 축복에 대해 묵상하시기 바랍니다. 선행을 베풀어서 성장하는 삶의 절묘한 기쁨을 기억하십시오. 당신이 만나는 사람들에게 축복의 통로가 된다는 것을 잊지 마십시오. 선한 일을 위해 준비된 자로서 주님이 쓰시기에 합당한 그릇이 되기를 기도하십시오.

❸ 용기를 내십시오. 두려워하지 마십시오. '나는 할 수 없어요!'라고 말하는 사람은 실패하게 될 것입니다. 당신 안에는 성령이 역사하고 있습니다. 이것에 대해 성경이 뭐라고 말씀하시는지 믿고 묵상하십시오. 그리스도께 확신을 두었던 바울의 거룩한 믿음이 당신에게 모범이길 바랍니다.

"내게 능력 주시는 자 안에서 내가 모든 것을 할 수 있느니라"

성령의 능력에 대한 경이로움과 충만한 은혜를 베푸신다는 약속, 당신이 약할 때 그리스도의 능력으로 온전케 된다는 약속을 믿으십시오. 그리고 사역할 때 이것들이 어떻게 현실화되는지를 목격하길 바랍니다. 당신은 선한 일을 위해 하나님이 창조하셨다는 고귀한 인식을 가지십시오. 하나님께서는 당신을 선한 일을 하기에 적합한 사람이 되게 하실 것입니다.

세상의 일꾼이 자신의 직업에 만족하고 성취해 가는 것이 자연스럽듯이, 당신이 선한 일을 많이 하는 것은 당신의 새로운 본성이어야 합니다. 이것을 확신하면 절대로 무기력하게 되지 않을 것입니다.

❹ 이 모든 것보다 앞서, 당신의 스승인 주 예수님께 붙어 있어야 합니다. 주님은 "수고하고 무거운 짐 진 자들아 다 내게로 오라 내가 너희를 쉬게 하리라 나는 마음이 온유하고 겸손하니 나의 멍에를 메고 내게 배우라 그리하면 너희 마음이 쉼을 얻으리니"(마 11:28,29)라고 말씀하셨습니다. 주님의 학교에서 배우는 학생 곧 주님처럼 가르치는 분이 없다는 것을 믿기에 사역을 제대로 수행할 수 있다고 확신한 학생처

럼 일하십시오.

주님께 붙어 있어야 합니다. 그리고 당신 안에 역사하시는 성령의 능력으로 당신은 겸손하고 온유하고 담대하고 강하게 만들게 될 것입니다. 이 세상에서 아버지의 일을 하기 위해 오신 분 곧 아버지의 영광을 구한 분인 주님께서 하나님의 일을 한다는 것이 무엇인지를 가르쳐주실 것입니다.

Insight

① 당신 자신을 그리스도께 드리십시오. 당신 자신을 제단 위에 올려놓으십시오. 그리고 당신이 하나님의 일을 위해서 온 생애를 드리기를 원한다는 것을 말씀드리십시오.

② 그리스도께서 당신을 영접하시고 당신에게 자기의 일을 맡기신다는 것을 조용히 믿으십시오.

③ 하나님께서 당신 안에서 역사하는 주님의 위대한 진리를 당신에게 열어주시도록 기도를 많이 하십시오.

④ 겸손과 인내와 하나님을 진실히 의지하는 마음이 일어나도록 간구하십시오. 그리스도와 더불어 사랑의 교제를 나누는 삶과 그분에게 순종하는 삶을 사십시오. 그리하면 당신이 약할 때 주님의 능력이 당신을 강하게 한 것이라고 시인할 수 있게 됩니다.

사역과 제자도

우리는
하나님의
동역자

23

우리는
하나님의 동역자

> 우리는 하나님의 동역자들이요
> 너희는 하나님의 밭이요 하나님의
> 집이니라 {고전 3:9}

> 우리가 하나님과 함께 일하는 자로서
> 너희를 권하노니
> 하나님의 은혜를 헛되이 받지 말라
> {고후 6:1}

앞 챕터들에서 선한 일에 대해 바울의 가르침을 배웠습니다. 이제 바울의 경험에서 알 수 있는 몇몇 효과적인 섬김의 비밀을 깨닫기를 바랍니다.

바울은 교회를 '하나님의 집'으로, 하나님을 '친히 거하실 거룩한 성전의 위대한 건축가'로 비유했습니다. 바울은 사역에 대해 언급하면서 자신을 하나님 집의 부분이나마 건축하도록 위임받은 건축가라고 말하고 있습니다. 바울은 고린도에서 집터를 닦았으며, 그곳의 사역자들에게 "각각 어떻게 그 위에 세울까를 조심할지니라"(10절b)라고 했습니다.

"우리는 하나님의 동역자들이요"

이 말씀은 바울에게만 적용되는 것이 아니라 하나님의 일에 참여하는 사역자 모두에게 적용됩니다. 성도들마다 하나님을 섬기는데 자기의 삶을 드려 영혼 구원을 위한 부르심이 있었기에, 가장 약한 그리스도인들에게도 말씀을 전하여 그 영혼들이 주님의 집으로 돌아오도록 해야 합니다.

"우리는 하나님의 동역자들이요"

이 말씀은 하나님을 위한 사역에 대해서 얼마나 많은 것을 제시하고 있는지 모릅니다.

영원하신 하나님께서는 자신을 위하여 성전을 건축하고 계십니다. 하나님의 아들 그리스도 예수는 성전의 터이고, 성도는 살아있는 돌입니다. 성령은 사람들을 성전의 한 부분이 되게 하시려고 한 곳에 모으셨고, 이는 하나님의 강력한 능력입니다.

'살아있는 돌'인 성도는 하나님께서 하나님의 일을 위해 사용하는 살아있는 일꾼입니다. 하나님의 일꾼이며 하나님의 동역자인 것입니다. 하나님께서는 성도를 사용하셔서 일을 하십니다. 성도들의 해야 하는 일은 하나님께서 행하고자 하는 바로 그 일이어야 합니다.

하나님께서 기뻐하는 일 곧 하나님께서 마음을 두고 행하시는 일은 사람들을 구원하여 그들을 하나님의 성전이 되게 하는 것입니다. 이것이 바로 하나님과 동역하는 모든 사역자들이 마음에 두어야 할 일입니다.

이처럼 우리가 하나님의 일이 얼마나 위대하고 경이로운 것인지를 깨달을 때 사역의 영광으로 들어가게 되며, 하나님으로부터 받은 생명을 사람들에게 전하는 삶을 살게 됩니다. 하나님께서는 우리를 통하여 죽은 영혼들에게 하나님의 생명을 주시고 그들 안에서 함께하십니다.

바울은 건축가에게 주어지듯 하나님의 은혜를 따라 사역을 하게 되었다고 고백합니다. 하나님의 사역은 하나님의 능력이면 충분합니다. 하나님의 능력 곧 성령이 우리 안에서 역사하시기 때문입니다.

고린도전서 2장 3~5절을 숙고하여 바울이 자신의 무능력에 대해 어떻게 인정했는지를, 그리고 그가 얼마나 성령의 능력과 가르침에 따랐는지 묵상하십시오. 이 위대한 진리가 하나님의 일꾼의 심령에 역사한다면, 우리 속에 하나님의 임재가 우리를 매일 새롭게 되게 하실 것입니다. 하나님의 일은 오로지 우리 안에 역사하는 하나님의 능력으로 이루어집니다.

성령의 능력은 사랑입니다. 하나님은 사랑이십니다. 사람들을 구원하시는 하나님의 모든 역사는 사랑입니다. 오직 사랑만이 사람들의 마음을 공감하고 진정으로 교제할 수 있게 됩니다. 하나님의 모든 동역자 속에 있을 그 사랑이 사람들의 마음을 움직일 수 있습니다.

그리스도는 십자가의 사랑으로 사람들의 심령을 정복하셨고, 지금도 정복하고 계십니다. 하나님의 일꾼이여, 그리스도 예수의 사랑, 곧 죽기까지 희생한 정신과 겸손과 인내와 온유한 사랑을 품으십시오. 그리하면 당신은 하나님의 동역자가 되는 자격을 충분히 갖춘 것입니다.

하나님의 집, 교회 건축을 계획하고 실행하는 건축가는 그 집을 세밀하게 설계한 설계사의 의지를 따라 건축해야 합니다. 건축가는 설계사와 지속적으로 의논하여 모든 일을 진행하게 됩니다. 건축가가 일꾼들에게 지시하는 것은 원래 설계도대로 집의 모습을 만들어지게 하려는 것입니다.

하나님의 동역자들이 가지고 있는 위대한 특징은 하나님의 뜻에 순복하고, 그분의 가르침을 깨달아 끊임없이 확인하면서, 그분이 원하는 것을 엄중하게 여기며 순종해야 합니다.

하나님께서는 말씀으로 하나님의 계획을 계시하셨습니다. 오직 성령의 능력으로 우리가 하나님의 계획으로 들어가게 하셨고, 그분께서 설계한 합당한 방법으로 그분의 목적을 완성하실 수 있다고 말씀하셨습니다.

우리가 하나님의 영혼 구원의 영광, 그 일을 할 수 있는 능력이 절대적으로 부족하다는 것과 그 일을 할 수 있도록 하나님께서 그 능력을 예비하셨다는 것과, 하나님의 사랑이 우리에게 생명을 불어넣었다는 것과, 성령께서 우리가 그 일을 하게 하려고 인도하고 힘을 주시는 것에 대해 더 확신있는 통찰력을 가진다면, 우리 스스로 어린아이처럼 알기 쉽게 가르침을 받게 되는 태도 곧 하나님을 항상 사모하는 태도는 하나님의 동역자들에게만 주어지는 주요한 표시라는 것을 느낄 것입니다.

이것은 우리 스스로 작고 의지할 곳이 없는 무가치한 존재라고 느끼는 약함이 우리를 방해하지 못한다는 것을 깨닫는 거룩한 확신과 용기를 일으켜줄 것입니다. 그리스도의 능력은 약한 것을 온전하게 하시고, 하나님은 우리를 통해 목적을 이루십니다. 그리스도의 삶의 모든 축복 중에 가장 놀라운 것은 우리를 위해 하나님의 동역자가 되도록 허락하셨다는 것입니다.

Insight

❶ 하나님의 동역자! 이것은 사용하기 쉬운 말입니다. 그래서 이것이 가진 몇몇 위대한 진리를 쉽게 이해할 수 있습니다. 그러나 우리는 그 능력과 영광 안에서 얼마나 가볍게 처신하고 있는지 모릅니다.

❷ 하나님의 동역자들! 모든 것은 우리가 하나님의 거룩하심과 사랑 안에서 어떻게 하나님의 동역자들이 되었는지를 아는 것으로부터 시작합니다.

❸ 우리를 택하신 주님은 우리를 통하여 자기의 위대한 일을 행하시기 위하여 우리를 그분께서 쓰시기에 합당한 사람들로 만드실 것입니다.

❹ 주님을 경배하고 깊이 의지하고 전적으로 앙망하고 순종합시다.

어린아이처럼 알기 쉽게 가르침을 받게 되는 태도
곧 하나님을 항상 사모하는 태도는
하나님의 동역자들에게만 주어지는
주요한 표시라는 것을 느낄 것입니다.

- 앤드류 머리, 180쪽 중에서 -

사역과 제자도

하나님
은혜의 선물을
따라

24

하나님 은혜의
선물을 따라

> 우리가 그를 전파하여 각 사람을 권하고
> 모든 지혜로 각 사람을 가르침은
> 각 사람을 그리스도 안에서 완전한
> 자로 세우려 함이니 이를 위하여 나도
> 내 속에서 능력으로 역사하시는 이의
> 역사를 따라 힘을 다하여 수고하노라
> {골 1:28,29}

> 이 복음을 위하여
> 그의 능력이 역사하시는 대로 내게 주신
> 하나님의 은혜의 선물을 따라
> 내가 일꾼이 되었노라 {엡 3:7}

이미 살펴보았듯이, 빌립보인들에게 쓴 서신에서 바울은 성도들에게 사역하라고 권했습니다. 그들 안에서 역사하신 하나님이시기에 우리는 위대한 진리의 가장 풍부하고 포괄적인 내용들 중 하나하나를 발견하게 됩니다. 그것은 우리 안에 계신 하나님의 역사하심만이 진정한 사역을 할 수 있도록 한다는 점입니다.

본문 성구는 바울이 체험한 것을 증거하는 말씀입니다. 그의 사역은 하나님의 역사하심으로 이루어 간 하나님의 은혜입니다.

바울은 사역에 대해 자기 안에서 강하게 역사하신 하나님의 능력에 따라서 수고했노라고 고백하고 있습니다.

우리는 바울의 고백에서 주님께 발견했던 원리와 동일한 것을 발견하게 됩니다. 즉 주님 안에서 역사하신 하나님께서 우리 안에 역사하신다는 것입니다.

이 글의 독자는 잠시 멈추고 이렇게 고백하십시오.

"복되시는 예수님과 사도 바울이 오직 자신 안에서 역사하시는 하나님 능력을 따라 사역하게 된다면, 하나님의 일을 바르게 하려고 하나님이 역사하시는 능력을 더더욱 필요로 하지 않을까요?"

이것은 하나님 말씀의 심오한 영적 진리입니다.

우리 안에서 속사람에게 생명을 주시는 성령을 바라봅시다. 그렇다면 사역에서 깊은 영감을 얻게 될 것입니다. 그리고 이렇게 고백할 것입니다.

"오직 하나님께서 내 안에서 역사하시도록 하나님께 나 자신을 드릴 때만 진정한 사역을 할 수 있습니다."

우리는 진리를 알고 있습니다.

"하나님 한 분 외에는 선한 이가 없느니라"(막 10:18)

"여호와와 같이 거룩하신 이가 없으시니"(삼상 2:2)

"권능은 하나님께 속하였다"(시 62:11)

선함과 거룩함과 능력은 하나님 안에서 발견됩니다. 하나님만 그것을 우리에게 주실 수 있습니다. 오직 피조물에게 주시며, 하나님 자신이 실제로 임재하심과 내재하심과 역사하심으로써 가능하십니다. 그렇기에 하나님께서 자기 백성의 온 마음과 삶을 완전히 소유하실 때 그들 속에서 역사하실 수 있는 것입니다.

우리의 뜻과 생명과 사랑을 하나님께 의뢰하고 믿으며, 하나님께서 우리의 뜻과 생명과 사랑을 소유하시고, 그리스도께서 하나님을 사모하셨던 것처럼 우리가 하나님을 사모한다면, 하나님께서 우리 안에서 역사하십니다.

이는 영적인 삶의 진리이며, 더더욱 하나님 사역의 진리입니다. 영혼을 구원하는 사역은 하나님의 일입니다. 하나님만이 영혼을 구원하실 수 있습니다.

하나님께서 자기 아들을 인류에게 선물로 주신 사건은 그분께서 이 일을 얼마나 위대하고 고귀하게 여기셨는지, 그리고 어떤 마음을 품으셨는지를 증거하고 있습니다.

하나님의 사랑은 한순간도 영혼을 구원하는 사역을 멈추지 않습니다. 그리고 하나님께서는 자녀들을 동역자로 부르실 때, 그들이 영혼을 구원하고 축복하는 사역의 기쁨과 영광에 참여하도록 하십니다.

하나님께서는 사역자를 통해 하나님의 일을 하신다고 약속하셨으며, 그들 속에서 역사하는 그 능력으로 영감을 주시고 힘을 불어넣어 주실 것입니다.

바울은 "나도 내 속에서 능력으로 역사하시는 이의 역사를 따라 힘을 다하여 수고하노라"(골 1:29)라고 했는데, 바울의 고백처럼 말한다면 그와 하나님의 관계는 그리스도와 하나님의 관계 같을 것입니다. 그 관계는 복되고 끊임없이 이어지며, 아버지께서 말씀하신 것과 행하신 역사를 매 순간 확신하게 될 것입니다.

그리스도는 우리의 모범입니다. 그리스도의 생명은 우리 안에서 역사하는 법칙입니다. 그리스도는 바울 안에 사셨으며, 바울은 하나님께 의뢰하는 삶을 살았습니다. 하나님의 능력의 역사하심으로 바울을 일하도록 한 은혜가 동일하게 우리에게 주어진다는 것을 믿기에 망설인다면 그 가운데 하나님이 어떻게 있겠습니까?

모든 일꾼들이 다음과 같이 고백할 수 있기를 바랍니다.

"그리스도 안에서 역사했던 그 능력이 바울 안에서 역사했듯이, 내 안에도 동일하게 역사합니다."
하나님의 일을 바르게 하려면 우리 안에서 역사하시는 하나님의 능력으로 사역할 수밖에 없습니다.
나는 이 책을 읽는 사역자의 손을 잡고 "나의 형제여, 이리 오십시오. 당신의 귀에 '하나님께서는 당신 안에서 역사하고 계십니다!'라는 경이로운 비밀을 속삭일 때 하나님의 임재 안에서 당신의 마음을 잠잠히 하고 모든 생각을 잠잠히 하십시오"라고 말할 수 있기를 얼마나 바라는지 모릅니다.

당신이 헤아 할 일은 하나님께서 당신 안에서 직접 역사하실 것입니다. 시간을 가지고 곰곰이 생각하십시오. 이것은 인간의 생각으로 깨달을 수 없고, 피부로 느낄 수 없는 심오한 영적 진리입니다.
하나님의 영적 진리로서 받아들이십시오. 이 말씀은 영적인 축복을 높여주는 씨앗임을 믿으십시오. 이를 성령께서 당신 안에 살아있게 하신다는 것을 믿으십시오. 그리고 '하나님께서 내 안에서 역사하십니다. 내가 하나님을 위해 할 일은 하나님께서 내 안에서 행하실 것입니다'라고 다시 고백하십시오.

이 진리에 대한 믿음과, 그 믿음이 당신 안에서 진리가 되도록 하는 열정은 겸손한 삶과 하나님과의 친밀한 삶을 간구하게 됩니다. 당신은 하나님의 사역이 영의 생명에게 영적인 것이 되어야 한다는 것을 목격하게 될 것입니다. 그리고 다시금 거룩한 침묵으로 하나님 앞에 엎드려서 고백할 것입니다.

"하나님께서는 역사하십니다. 하나님께서 내 안에서 역사하실 것입니다. 내 안에서 강력하게 역사하시는 그 능력을 따라 하나님을 위해 사역하고자 합니다."

Insight

① 하나님의 은혜의 선물(엡 2:7, 3:7), 우리 안에서 역사하는 능력(엡 3:20), 성령으로 말미암아 능력으로 강건하게 함(엡 3:16), 이 세 가지 말씀은 우리 안에 있는 모든 하나님의 역사입니다.

② 성령은 하나님의 능력입니다. 성령으로 충만하기를 구하십시오. 성령이 당신의 온 생애를 인도하도록 하십시오. 그리하면 당신은 하나님께서 강력하게 역사하는 사람이 될 것입니다.

③ 당신은 성령의 능력을 받게 될 것입니다. 성령께서 우리 안에 거하시면서 강력하게 일하실 수 있습니다.

④ 우리 안에 있는 하나님의 역사를 믿는다면, 우리는 거룩한 두려움과 겸손, 신중함과 의지, 전적인 순복과 순종의 사람들이 될 것입니다.

사역파 제자도

약한
것들을
자랑하리니

25

약한 것들을 자랑하리니

그러나 내가 나 된 것은
하나님의 은혜로 된 것이니
내게 주신 그의 은혜가
헛되지 아니하여
내가 모든 사도보다
더 많이 수고하였으나
내가 한 것이 아니요
오직 나와 함께 하신
하나님의 은혜로다
{고전 15:10}

나에게 이르시기를 내 은혜가 네게 족하도다 이는 내 능력이 약한 데서 온전하여짐이라 하신지라 그러므로 도리어 크게 기뻐함으로 나의 여러 약한 것들에 대하여 자랑하리니 이는 그리스도의 능력이 내게 머물게 하려 함이라… 내가 어리석은 자가 되었으나 너희가 억지로 시킨 것이니 나는 너희에게 칭찬을 받아야 마땅하도다 내가 아무 것도 아니나 지극히 크다는 사도들보다 조금도 부족하지 아니하니라
{고후 12:9,11}

바울은 본문 성구들에서 어떻게 주님의 일을 많이 하게 되었는지를 전하고 있습니다.
"지극히 크다는 사도들보다 조금도 부족하지 아니하니라"
"내가 모든 사도보다 더 많이 수고하였으나 내가 한 것이 아니요 오직 나와 함께 하신 하나님의 은혜로다"
이 두 구절에서 바울은 모든 사역은 자신이 한 것이 아니라 하

나님 안에서 한 것이라고 고백합니다. 첫 번째 본문 성구에서 그는 "내가 한 것이 아니요 오직 나와 함께 하신 하나님의 은혜로다"라고 했으며, 두 번째 본문 성구에서 우리가 연약할 때 우리 안에서 그리스도의 능력이 역사하는 은혜가 어떠한지를 보여주면서 "나에게 이르시기를 내 은혜가 네게 족하도다 이는 내 능력이 약한 데서 온전하여짐이라"라고 했습니다.

바울은 하나님께서 우리에게 계시의 영을 주시고 마음의 눈을 밝혀주셔서 이 놀라운 은혜를 경험하기를 기대하고 있습니다. 그는 자신이 아무것도 아님을 알았다는 것과 자기의 약함을 자랑하면 비로소 그리스도의 능력이 자기 위에 임했다고 했습니다. 주님은 그를 통해 역사하셨고, 다른 사도들보다 더 많이 수고했습니다. 이를 통해 우리 곧 하나님의 일꾼들을 가르치고 있습니다.

하나님의 일은 오직 하나님의 능력 안에서만 이루어집니다. 우리 안에서 역사하시는 하나님의 능력으로 우리가 효과적인 사역을 할 수 있습니다. 이 진리는 이 책 전체에서 자주 언급되었습니다. 이 진리는 받아들여져야 합니다. 그러나 그 전체적인 맥락을 이해하기는 쉽지 않습니다.

전인적으로 이 진리가 깨달아지려면 진리대로 살아야 합니다. 영혼의 고요함과 묵상, 강한 믿음과 뜨거운 기도가 필요합니다. 하나님께서 우리 안에서 홀로 역사하실 수 있듯이, 하나님께서 우리 안에서 역사하시는 분이라는 것을 홀로 계시하십니다.

하나님을 사모하십시오. 당신의 힘으로는 열 수 없는 진리가 하나님을 아는 지식에 의해 열리게 될 것입니다. 하나님께서 모든 사람 가운데 역사하시는 하나님이심을 계시하실 때, 당신은 당신 안에서 강력하게 역사하시는 하나님의 능력을 따라 사역하는 것을 배우고 믿을 것입니다.

하나님의 능력은 약한 데에서 역사하십니다. "내가 한 것이 아니요"라고 진실하게 고백할 때 "오직 나와 함께 하신 하나님의 은혜로다"라고도 말할 수 있습니다. "지극히 크다는 사도들보다 조금도 부족하지 아니하니라"라고 했던 바울은 "내가 아무것도 아니냐"라고 먼저 고백한 것을 배워야 합니다. 그러므로 그는 "나의 여러 약한 것들에 대하여 자랑하리니 이는 그리스도의 능력이 내게 머물게 하려 함이라"하는 말할 수 있었던 것입니다. 이것이 창조자와 피조물, 하나님 아버지와 자녀, 하나님과 동역자 사이의 참된 관계입니다.

그리스도의 일꾼이여! 당신의 약함이 당신 안에서 역사하시는 하나님의 능력이 역사하는 불가결의 조건임을 깨우치십시오. 시간을 가지고 하나님의 임재 안에서 당신의 약함과 무가치함을 깨닫고, 하나님의 능력이 역사하게 된다는 것을 믿으십시오. 당신의 약함이 하나님의 능력이 역사하도록 준비하게 하시는 하나님의 은혜임을 인정하십시오. 당신의 약함을 기뻐하십시오!

하나님의 능력은 그리스도와 교제하고 섬길 때 나타납니다. 바울은 "나의 여러 약한 것들에 대하여 자랑하리니 이는 그리스도의 능력이 내게 머물게 하려 함이라", "내가 그리스도를 위하여 약한 것들을 기뻐하노니"라고 했습니다. 바울이 주님께 사탄의 사자가 자기에게서 떠나기를 간구했을 때, 주님은 바울에게 "내 은혜가 네게 족하도다"라고 말씀하셨습니다.

그리스도는 하나님의 지혜와 능력이십니다. 우리는 무엇인가 소유하려고 지혜를 얻는다거나 하나님의 사역을 할 수 있는 능력을 얻는 것이 아닙니다. 우리가 그리스도와 인격적인 관계로서 그분과 지속적으로 교통하는 삶일 때 그분의 능력이 역사하신다는 것입니다. 우리가 그리스도를 위하여 우리의 약함을 기뻐할 때 그리스도의 능력이 무엇인지를 알게 됩니다.

하나님의 능력은 믿음을 가진 사람에게 부어지고, 사역은 믿음 안에서 이루어집니다. 우리가 자신의 약함을 기뻐하고, 사역을 약함 가운데 행하며, 우리 안에서 역사하시는 하나님을 위해 살아있는 믿음이 필요합니다. 아무것도 보지도 않고 느끼지 않았는데 우리 안에 감추어진 능력을 확신하여 전진한다는 것은 믿음의 생명을 최대한 사용했다는 것입니다.

영혼 구원을 위한 오랜 기도와 수고를 통해 하나님의 일이 이루어지고, 표면적으로 나쁜 환경들과 비이상적인 상황들에서도 여전히 수고할 수 있는 믿음이 주님의 일을 하게 합니다. 믿음을 굳세게 하고 하나님께 영광을 돌립시다. 하나님께서는 마음을 온전히 드리는 사람에게 하나님의 강하심을 보여주실 것입니다.

나의 형제여! 기꺼이 당신에게 최고 좋은 것을 하나님께 드리시기 바랍니다. 그렇게 하면 하나님의 능력이 당신 안에서 역사하실 것입니다. 하나님께서 당신을 통하여 역사하시도록 하십시오. 하나님께 당신 자신을 드리십시오. 하나님의 일은 당신 인생의 유일한 목적입니다. 당신 안에 있는 하나님의 역사를 헤아리기 바랍니다. 하나님을 섬기는 일에 준비하는 자가 되십시오. 그렇게 될 때 당신은 강해지고 축복된 삶을 살게 됩니다.

주 예수님에 대한 믿음과 사랑은 과거에 그랬듯이 지금도 당신을 인도하여 아버지의 뜻을 행하고 그분의 일을 이루도록 하십시오. 주님의 능력은 당신의 약함 가운데 온전하게 이루어집니다.

Insight

❶ 모든 사역자는 자기의 약한 곳이 그리스도의 능력으로 온전케 되는 것을 인격적으로 경험하도록 하십시오. 그렇게 하면 그분 능력의 비밀을 가르치기에 합당한 사람이 될 것입니다.

❷ 우리 주님은 "내 은혜가…내 능력이…"라고 말씀하십니다. 우리가 그리스도와 인격적이고 친밀한 교제와 사랑을 나누고, 우리가 그리스도 안에 거하고 그리스도께서 우리 안에 거하면, 그분의 은혜와 능력이 역사하게 될 것입니다.

❸ 우리의 약한 에서곳 역사하는 주님의 능력을 알게 하는 것은 하나님께 완전히 드려진 우리의 마음과 의지와 사랑입니다.

그리스도는 하나님의 지혜와 능력이십니다.
우리는 무엇인가 소유하려고 지혜를 얻는다거나
하나님의 사역을 할 수 있는 능력을 얻는 것이 아닙니다.

-앤드류 머리, 195쪽 중에서 -

26

그 행하는 일에
복을 받으리라

사역파 제자도

그 행하는 일에
복을 받으리라

> 너희는 말씀을 행하는 자가 되고
> 듣기만 하여
> 자신을 속이는 자가 되지 말라...
> 자유롭게 하는 온전한 율법을
> 들여다보고 있는 자는 듣고
> 잊어버리는 자가 아니요 실천하는 자니
> 이 사람은 그 행하는 일에
> 복을 받으리라 {약 1:22,25}

하나님께서는 말씀을 묵상만 하라는 것이 아니라 행하라고 사람을 창조하셨습니다. 하나님께서는 자기 형상대로 우리를 창조하셨으며, 하나님 안에서 동시적인 행함과 함께하지 않는 생각은 없습니다. 그러므로 진정한 행함은 하나님의 말씀을 묵상함으로써 가능하고, 진정한 묵상은 행동하게 합니다.

만약 죄가 이 세상에 들어오지 않았더라면, 아는 것과 행하는 것이 결코 분리되지 않았을 것입니다. 성도의 지식과 행함 사이에 틈이 생긴 만큼 죄의 권세를 더 뚜렷하게 보여주는 것은 없습니다.

우리는 하나님의 말씀을 듣는 것을 기뻐하고, 하나님의 말씀에 대한 지식을 늘려가고, 진리에 감동하고 찬양하며, 심지어 진리를 기꺼이 행하고자 하지만, 실제로 행동하는 것을 실패하고 있습니다. 그래서 야고보는 "듣기만 하여 자신을 속이는 자가 되지 말라"고 경고했습니다. 그는 말씀을 실천하는 자는 그 행하는 일에 복을 받을 것이라고 선언하고 있습니다.

"행하는 일에 복을 받으리라."

야고보의 이 말씀은 주 예수님께서 산상에서 하신 설교의 마지막 가르침에 대한 요약입니다.

"다만 하늘에 계신 내 아버지의 뜻대로 행하는 자라야 들어가리라"(마 7:21b)

"누구든지 나의 이 말을 듣고 행하는 자는 그 집을 반석 위에 지은 지혜로운 사람 같으리니"(마 7:24)

또한 예수님께서 어머니에 대해 "당신을 밴 태와 당신을 먹인 젖

이 복이 있나이다"라고 말했던 여자에게 "오히려 하나님의 말씀을 듣고 지키는 자가 복이 있느니라"(눅 11:28)라고 말씀하셨습니다. 그리고 마지막 밤에 제자들에게 "너희가 이것을 알고 행하면 복이 있으리라"(요 13:17)하고 말씀하셨습니다.

진리가 요구하는 것을 즉시 행하지 않으면서, 진리를 대신하는 아름다운 것에 대해 기뻐하고 칭찬하는 것에 만족하는 것은 기독교에서 위험한 태도입니다. 우리의 확신이 행동으로 옮겨질 때 진리가 우리를 다스린다는 것을 증명해야 합니다.

실천하는 사람은 그 일에 복을 받습니다. 실천하는 사람은 복됩니다. 행함은 모든 장해물을 이기게 하며, 위대한 사역자이신 하나님의 형상을 확증할 수 있고, 하나님께서 준비한 모든 복의 방해물을 제거하게 될 것입니다.

하나님께서 주시는 복과 특권과 즐거움을 간구하는 경향이 있습니다. 그리스도는 우리의 행함에 복과 특권과 즐거움을 주셨는데, 우리가 실천할 때 비로소 우리에게 베푸신 생명을 진정으로 증거하고 깨닫고 소유하게 되는 것입니다.

한 사람이 주님께 "무릇 하나님의 나라에서 떡을 먹는 자는 복됩니다"라고 말씀드리자, 주님은 잔치를 비유로 "잔치에 오기 위해 모든 것을 버린 사람들은 복되도다"라고 대답하셨습니다. 실천하는 사람은 복됩니다. 화가나 음악가, 과학자나 상인, 발명가나 정복자는 오직 행함을 통해 복을 받는 것같이, 성도는 하나님의 계명을 지키고 하나님의 뜻대로 실천할 때 비로소 진리와 죄에서 해방되는 복과 하나님과의 교제 속으로 확실하게 들어가게 됩니다. 실천은 복의 본질로서 하나님 생명의 충만한 기쁨을 누릴 수 있습니다.

실천하여 복을 받으십시오. 이것은 우리가 야고보서 2장 22절, 아브라함의 복입니다.
"네가 보거니와 믿음이 그의 행함과 함께 일하고 행함으로 믿음이 온전하게 되었느니라"
아브라함은 믿음 없이 행하지 않았습니다. 그의 행함에는 모두 믿음이 있었습니다. 그리고 그는 행함 없는 믿음을 가지지 않았습니다. 행함이 그의 믿음을 역사하고 강해지게 했으며 온전하게 했습니다. 그의 믿음이 행함으로써 온전하게 되듯이 그의 복도 행함으로 온전하게 됩니다.
실천하는 사람은 그 행하는 일에 복을 받습니다. 선한 일의 참 본질에 대한 계시로서 참된 진리는 계명과 진리를 모두 얻도록 합니다. 이 진리는 이 세상에서 경험하는 모든 것과 더불어 완전한 조화를 이루게 되며, 그리스도께서 구원하신 우리가 선한 일을 많이 도모할 기회를 줍니다. 기쁨과 사역, 그리고 사역과 기쁨은 동의어가 될 것입니다. 우리는 더는 듣기만 하는 자들이 아니라 행하는 자들이 되어야 합니다.

이 진리를 실천하십시오. 사람들을 위해 사십시오. 그들을 사랑하고 섬기십시오. 사랑의 수고를 하지 않는 존재가 되지 마십시오. 무지와 부적당함이 선한 일을 방해하지 못하도록 하십시오. 지금 시작하십시오. 만약 당신이 영혼을 위해 수고할 수 없다면, 그들의 몸을 섬기는 일부터 시작하시기 바랍니다. 지금 시작하고, 지금 나아가십시오. 걸어 다니십시오.

"주는 것이 받는 것보다 복이 있다"(행 20:35)라고 하신 말씀을 믿으십시오. 약속된 은혜를 구하고 의지하십시오. 사랑의 사역에 헌신하십시오. 그리스도께서 하나님의 약속을 확신하셨던 것을 본받으십시오. 만약 이것을 알고 행한다면 당신은 행복한 사람입니다. 실천하는 자는 복된 자입니다!

Insight

❶ 진정한 행함은 하나님의 말씀을 묵상함으로써 가능합니다. 진정한 묵상은 행동하게 합니다.

❷ 진리가 요구하는 것을 즉시 행하지 않으면서, 진리를 대신하는 아름다운 것에 대해 기뻐하고 칭찬하는 것에 만족하는 것은 기독교에서 위험한 태도입니다.

❸ 행함이 그의 믿음을 역사하고 강해지게 했으며 온전하게 했습니다. 그의 믿음이 행함으로써 온전하게 되듯이 그의 복도 행함으로 온전하게 됩니다.

❹ 기쁨과 사역, 그리고 사역과 기쁨은 동의어가 될 것입니다. 우리는 더는 듣기만 하는 자들이 아니라 행하는 자들이 되어야 합니다.

실천하는 사람은 복됩니다.
행함은 모든 방해물을 이기게 하며,
위대한 사역자이신 하나님의 형상을 확증할 수 있고,
하나님께서 준비한 모든 복의 방해물을 제거하게 될 것입니다.

- 앤드류 머리, 202쪽 중에서 -

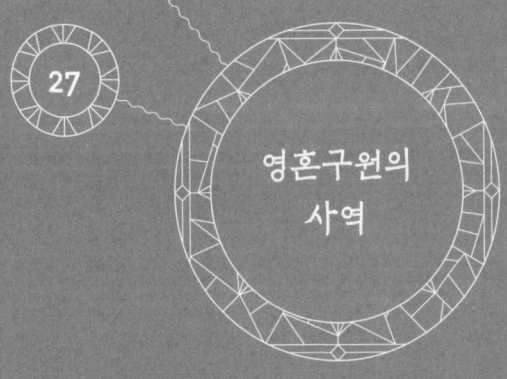

사역파 체자도

27

영혼구원의
사역

영혼구원의 사역

내 형제들아 너희 중에
미혹되어 진리를 떠난 자를
누가 돌아서게 하면 너희가 알 것은
죄인을 미혹된 길에서 돌아서게 하는
자가 그의 영혼을 사망에서 구원할
것이며 허다한 죄를 덮을 것임이라
{약 5:19,20}

간혹 사람을 통해 회심하고 구원받았다는 사실에 대해 고백하기를 주저합니다. 본문 성구는 사람이 사람을 돌이키게 한 깃에 대해 두 번 표현했고, 그를 구원했다는 것을 한 번 표현했습니다.
이를 사역으로 받아들이는 데 주저하지 맙시다. 사람들을 돌아오게 하여 구원하는 사역은 하나님 자녀의 특권이고, 우리 안에서 이를 역사하는 하나님이 계십니다.

"그의 영혼을 사망에서 구원할 것이며"

어떤 일꾼이든지 일감에 대하여 공부해야 합니다. 목수는 나무에 대해, 세공업자는 금과 은에 대해 공부해야 합니다. 사역은 하나님 안에서 행해지고, 우리는 선한 일을 통해서 영혼들을 만나게 됩니다. 처음에는 몸을 위하는 일 외에 할 일이 없을지라도 결국 목표는 영혼을 구원해야 합니다. 그리스도께서는 우리 영혼을 구원하시려고 이 땅에 오시고 죽기까지 하셨습니다. 하나님께서는 이 일을 우리에게 위임하셨습니다.

영혼구원에 대해 숙고합시다. 사냥꾼이나 낚시꾼은 사냥을 하거나 낚시를 해야 할 목표물의 생태계에 대해 연구합니다. 마찬가지로 영혼을 구원하려면 하나님이 주신 지혜와 훈련과 방법이 필요합니다. 무엇보다 먼저 그 일을 시작해야 합니다. 그리스도를 사모한다면 각각 그 방법을 깨우치게 될 것입니다.

사람이 자기 능력을 인식하고 그 능력을 사용하는데 숙달되면, 하나님이 주신 생명의 능력과 기쁨은 증가하게 됩니다. 모든 성도는 영혼구원을 할 수 있는 능력을 가지고 있습니다. 그렇게 하늘나라는 숨겨진 씨앗이 되어 우리 안에 있습니다. 각 사람에게 주신 은사와 은혜도 성령이 주신 숨겨진 씨앗입니다. 사역의 목표는 영혼구원을 위해 숨겨진 능력의 씨앗을 일깨우는 것이며, 무능력으로 침울한 상태는 많은 사람을 좌절하게 합니다.

야고보는 "죄인을 미혹된 길에서 돌아서게 하는 자가 그의 영혼을 사망에서 구원할 것이며"라고 기록했습니다. 모든 성도는 주님이 주신 경이롭고 복된 능력을 알아차려 잘 사용하도록 배워야 합니다.

하나님께서 아브라함에게 "내가 네게 복을 줄 것이고, 너로 말미암아 천하 만민이 복을 받으리라"라고 말씀하셨을 때, 하나님께서는 아브라함에게 하늘의 복에 대한 믿음을 주셨을 뿐 아니라 세상에서 누릴 복의 능력에 대한 믿음도 주셨습니다. 하나님의 자녀가 두 번째 복이 첫 번째 복처럼 확실하게 이루어지는 것을 보게 된다는 것은 인생에서 놀라운 순간일 것입니다.

주님은 '예수, 곧 구원자'라는 이름을 가지고 계십니다. 예수님은 영혼을 구원하시려는 하나님 사랑의 구체적 표현이고, 주님의 위대한 사역이자 유일한 사역은 영혼구원입니다. 주님을 믿는 믿음이 성장하여 주님을 알고 닮아가게 되고, 주님이 우리 안에 사시면서 우리 마음과 성품 안에 거하시면 영혼구원은 우리 삶에 주어진 위대한 사역이 될 것입니다. 우리는 주님의 강력한 사역을 위해 자발적이고 분별력이 있는 도구로 사용되어야 합니다.

"죄인을 미혹된 길에서 돌아서게 하는 자가 그의 영혼을 사망에서 구원할 것이며"
이 말씀은 한 사람의 영혼구원을 암시합니다. 우리는 복음을 듣게 된 수많은 무리가 모여드는 것을 떠올릴 것입니다. 그러나 이 구절은 진리 안에 없는 한 사람을 찾아야 된다는 내용입니다.
우리는 점점 선교회와 단체에 소속되어 사역을 합니다. 만약 한 사람이 미혹된 길에 있는 죄인을 돌아서게 한다면 그는 한 영혼을 구원한 것입니다. 한 사람의 사랑과 수고가 죄인을 미혹된 길에서 돌아서게 할 수 있습니다. 그리스도의 교회에 속한 성도 곧 예수 그리스도를 진실하게 따르는 모든 성도는 죄의 길에 빠진 사람이 돌이킬 수 있도록 사랑하고 도와야 합니다.
우리 중에 "내가 내 아우를 지키는 자니이까?"라고 말하는 사람이 있어서는 안 됩니다. 우리는 그리스도 몸의 지체로서 끊임없이 주님의 영혼구원사역을 위해 세상에서 살아가는 것입니다. 영혼구원이 주님의 사역과 기쁨과 영광이듯이, 우리의 사역과 기쁨과 영광이 되어야 하고, 나의 사역과 기쁨과 영광이 되어야 합니다. 우리는 한 사람 한 사람의 죄인을 찾아 그의 영혼을 구원하려고 그들에게 마음을 두어야 합니다.

죄인을 돌이키게 한다는 것은 그의 영혼을 구원하는 것임을 깨달으십시오. 이것을 알고 행하면 행복한 사람입니다. 이 성경의 진리를 행동으로 옮기십시오. 이 진리를 날마다 실천합시다. 행함으로써 진리의 능력과 그 능력을 믿는 믿음을 증명하기 바랍니다.

주변에 사랑이 필요한 방황하는 그리스도인이 한 사람이라도 있지 않습니까? 우리가 손을 내밀어 잡아줘야 하는 사람, 용기 내어 다시 시작해야 하는 사람이 있지 않습니까? 한 번도 옳은 길을 가 보지 못한 사람들도 많지 않습니까?

진실로 주님의 뜻을 따른다면 그리스도께서는 우리를 사용하실 것입니다. 혹시 두려워한다면 우리 안에 씨앗 같은 하나님의 사랑이 있다는 것을 믿으십시오. 하나님의 사랑은 우리를 부르기만 하는 것이 아니라 그 일을 실제로 할 수 있는 능력을 주십니다.

성령께 의지하여 우리 마음에 사랑으로 충만하게 하셔서 주님을 섬기기에 적합한 사람이 됩시다. 구원자이신 예수님은 구원하시기 위해서 사십니다. 그분은 우리 안에 거하시면서 우리를 통해 영원구원사역을 하실 것입니다. 죄인들을 돌아서게 한다면 그를 사망에서 구원하고 허다한 죄를 덮게 한다는 것을 기억하십시오.

❶ 영혼들에게 더 많은 사랑을 베푸십시오. 우리는 주 예수님께 뜨거운 사랑을 드리기 위해서 태어난 사람들입니다. 이것이 우리에게 필요한 것이 아닐까요?

❷ 사랑을 위해서 기도합시다. 사랑을 베풉시다. 우리의 소유 중에서 작은 것을 주면 더 많은 것을 받게 된다는 믿음으로 사랑합시다.

❸ 주님, 우리의 눈을 열어 주님의 영혼구원의 위대한 사역을 보게 하시고, 주님은 모든 자원하는 사람들의 마음에 사랑과 능력을 주시려고 기다리시는 것을 보게 하소서. 주님의 구원받은 각 사람이 영혼을 구원하는 사역자가 되게 하소서.

한 사람의 사랑과 수고가
죄인을 미혹된 길에서 돌아서게
할 수 있습니다.

- 앤드류 머리, 211쪽 중에서 -

사역부 체카드

28

죄 범하는 것을
보거든 구하라

죄 범하는 것을
보거든 구하라

> 누구든지 형제가 사망에 이르지
> 아니하는 죄 범하는 것을 보거든 구하라
> 그리하면 사망에 이르지 아니하는
> 범죄자들을 위하여 그에게 생명을
> 주시리라 사망에 이르는 죄가 있으니
> 이에 관하여 나는 구하라 하지 않노라
> {요일 5:16}

"서로 돌아보아 사랑과 선행을 격려하며"(히 10:24) 히브리서의 이 말씀은 선한 일을 행하는 삶의 뿌리에 관한 것인데, 곧 우리가 서로를 위해 친절하고 충실하게 보살핌으로써 아무도 죄를 범하지 않도록 하라는 말씀입니다. 갈라디아서는 "형제들아 사람이 만일 무슨 범죄한 일이 드러나거든 신령한 너희는 온유한 심령으로 그러한 자를 바로잡으라"

라고 말씀하고 있습니다. 또한 유다는 "또 어떤 자를 불에서 끌어내어 구원하라 또 어떤 자를 그 육체로 더럽힌 옷까지도 미워하되 두려움으로 긍휼히 여기라"라고 기록했습니다.

그리스도께서 영혼들을 구원하기 위한 목적으로 사람의 몸을 치유하는 선한 일을 행하셨던 것처럼, 우리가 일하는 사랑의 사역 모두 하나님의 위대한 목적과 소망인 사람들이 영생을 얻는 영혼구원사역 안에 있어야 합니다.

이 사랑의 수고에는 항상 기도와 사역이 함께해야 합니다. 기도는 말씀이 전해지지 않는 곳에 있는 사람들의 마음을 움직입니다. 기도는 말씀을 증거하기 위한 지혜와 용기를 얻게 합니다.

기도와 사역은 불가분의 관계입니다. 기도는 한 영혼을 구원하기 위해 필요한 것을 하나님께 구하는 것이며, 하나님께서 우리에게 주신 능력을 사용하기 위해 가져오는 일입니다.

이를 요한이 기록한 말씀으로 암시하고 있습니다. 사랑의 수고 안에서 기도는 개인적인 영역입니다. 하나님께서 이미 우리 각 사람에게 주신 능력을 사용하도록 안내하고 있습니다. 기도의 대상을 명확히 하고 기도의 목표를 확실하게 하십시오.

우리는 사회와 단체에 소속되어 행동하는 것이 습관화 되었습니다. 그래서 주위에 있는 사람들을 살피지 못하는 위험에 빠져 있습니다. 내 몸의 지체같이 하나님의 지체들을 서로 섬길 준비가 되어 있어야 합니다. 모든 성도는 주위에 있는 그리스도인, 곧 교회와 가정과 공동체 안의 성도들을 보살펴야 합니다.

각 성도는 그리스도의 몸을 해롭게 하고 상처를 내는 죄를 범하고 있습니다. 당신의 눈을 뜨고 주위에 있는 동역자의 죄를 볼 수 있기를 바랍니다. 그 동역자에게 악한 말을 하거나 판단하거나 도움이 되지 않는 불평을 하기 보다 사랑하고 도와주고 관심을 가지고 기도하십시오.

당신이 동역자의 죄를 볼 수 있기를 하나님께 간구하십시오. 얼마나 죄를 저지르는지, 그 죄가 얼마나 위험한지, 그가 죄를 범할 때 그리스도께 얼마나 큰 슬픔을 주는지, 그리스도의 몸에 어떤 손실을 끼치는지를 하나님께 구하십시오. 또한 하나님께서 그에게 긍휼을 베푸시고 구원하시기를 기도하십시오.

동역자의 죄에 대해 눈을 감아버리는 것은 진정한 사랑이 아닙니다. 그의 죄를 보십시오. 그리고 그의 죄를 가지고 하나님께 나아가십시오. 그가 새 생명을 갖게 되기를 하나님께 간구하는 것이 당신 사역의 하나가 되게 하십시오.

당신의 기도가 명확하기를 바랍니다. 만약 누구든지 그의 동역자가 죄를 범하는 것을 보게 되거든 하나님께 구하게 하십시오. 우리는 한 사람 한 사람을 위해 기도해야 합니다. 성경과 성령께서는 우리가 속한 사회와 교회와 국가에 대해 사역의 특별한 영역을 깨우치도록 기도하게 가르치십니다.

우리는 가장 가난한 사람이나 축복받은 사람을 위해 기도해야 합니다. 우리가 만나는 사람들마다 중보기도 삼아서 기도해야 할 필요성은 더욱 큽니다. 그들을 위해 더 많이 간구하십시오.

하지만 기도 응답이 언제 가능할지 안다는 것은 어려운 일입니다. 기도는 응답을 받게 되는 것보다 하나님을 우리에게 가까이 오시도록 하는 것이고, 우리의 믿음을 시험하고 강하게 하는 것이며, 우리가 하나님의 동역자임을 더 잘 알게 하는 것입니다.

기도는 우리가 진실로 하나님의 능력 안에서 받은 복을 소생시켜줄 것입니다. 모든 사역자는 영혼을 위해 기도하고 은혜를 베풀 수 있도록 노력하십시오.

"누구든지 형제가 사망에 이르지 아니하는 죄 범하는 것을 보거든 구하라 그리하면 사망에 이르지 아니하는 범죄자들을 위하여 그에게 생명을 주시리라"

이 말씀은 요한이 "그를 향하여 우리가 가진 바 담대함이 이것이니 그의 뜻대로 무엇을 구하면 들으심이라"라는 말씀 다음에 기록한 것입니다.

우리는 하나님의 뜻을 알지 못해 불평하는 경우가 있습니다. 그러나 이 부분에는 아무 어려움이 없습니다. 하나님께서는 모든 사람이 구원받기를 원하십니다. 우리가 이러한 하나님의 뜻을 믿는다면, 우리는 강하게 성장하여 그 언약을 붙잡아야 합니다.

"구하라 그리하면 사망에 이르지 아니하는 범죄자들을 위하여 그에게 생명을 주시리라"

성령의 인도하심으로 우리를 내어드리면, 하나님께서 특별한 관심을 베풀게 하시는 영혼에게로 성령께서 우리를 인도할 것입니다. 우리에게는 믿음의 은혜와 인내의 기도가 주어지고, 가장 축복받은 사람으로서 개인적이고 확고한 중보기도를 위한 제사장의 사역에 이르게 될 것입니다.

우리는 하나님과 사람을 섬기는 사역을 하면서 기도와 일은 분리할 수 없습니다. 따라서 사역자들은 기도하는 법을 배우십시오. 그리고 기도하는 모든 사람은 사역을 잘하는 법을 배우시기 바랍니다.

Insight

❶ 당신이 확신있고 끈기있게 기도하기 위해서는 하나님과 가까이 동행해야 할 필요가 있습니다. 그리하면 당신의 믿음은 하나님을 설복할 수 있게 됩니다.

❷ 기도는 하나님을 위한 우리의 모든 사역에서 더욱 많은 자리를 차지해야 합니다. 만약 하나님께서 모든 것을 행하셔야 하고, 만약 우리가 하나님을 전적으로 의지하는 태도를 보이고 그분께서 우리 안에서 역사하시도록 앙망하면, 만약 하나님께서 다른 사람들을 위하여 우리에게 주신 것을 받기 위해 인내하는 시간이 필요하다면, 우리에게는 기도로서 사역하고 일해야 할 필요가 있습니다.

❸ 하나님께서는 영혼구원사역의 영광을 보게 하시기 위해서 우리의 눈을 열어주실 것입니다. 영혼구원은 하나님께서 하시는 일이고, 우리 안에서 역사하시기를 원하시는 이유입니다.

❹ 하나님의 사랑과 능력이 영혼구원의 복된 사역을 위하여 우리 위에 임하기를 기도합시다.

동역자의 죄에 대해
눈을 감아버리는 것은 진정한 사랑이 아닙니다.
그의 죄를 보십시오. 그리고 그의 죄를 가지고
하나님께 나아가십시오.

- 앤드류 머리, 218쪽 중에서 -

사역파 체지도

29

네가 한 일을 내가 아노라

네가 한 일을
내가 아노라

에베소 교회의 사자와
두아디라 교회 사자와
사데 교회의 사자와
빌라델비아 교회의 사자와
라오디게아 교회의 사자에게 편지하라:
"네가 한 일을 내가 아노라"
{계 2:3 역자의 의역}

"네가 한 일을 내가 아노라"라는 이 말씀은 일곱 금 촛대 사이를 거니시며 불꽃 같은 눈을 가진 분의 말씀입니다. 그분께서 교회들을 살펴보시며 첫 번째로 판단하신 것은 그들의 행함이었습니다. 이 말씀은 그들의 삶과 성품에 대해 계시하고 있습니다. 우리가 우리의 일을 그분의 거룩한 임재 앞에 기꺼이 가지고 나아간다면, 그분의 말씀은 우리가 무엇을 해야 하는지를 가르칠 것입니다.

에베소 교회에 하신 말씀입니다.
"내가 네 행위와 수고와 네 인내를 알고 또 악한 자들을 용납하지 아니한 것과 자칭 사도라 하되 아닌 자들을 시험하여 그의 거짓된 것을 네가 드러낸 것과 또 네가 참고 내 이름을 위하여 견디고 게으르지 아니한 것을 아노라 그러나 너를 책망할 것이 있나니 너의 처음 사랑을 버렸느니라 그러므로 어디서 떨어졌는지를 생각하고 회개하여 처음 행위를 가지라"(계 2:2-5a)

이 말씀에서 알 수 있듯이, 에베소 교회는 수고와 인내와 식지 않는 열심에 대해서 칭찬을 받았으나 첫사랑을 잃어버리고 말았습니다. 회개해야 합니다.

우리를 위해 그분의 사역을 하게 하려고 그리스도는 우리에게 모든 것을 부족하지 않게 주셨습니다. 주님은 따뜻한 사랑 외에 아무것도 요구하지 않으셨습니다. 하지만 사역자들은 계속해서 일하려는 위험과 그리스도를 위하여 너무 많은 일을 하려고 하다가 첫사랑의 신선함을 잃어버렸습니다.

그리스도는 우리에게 첫사랑의 신선함을 기대하십니다. 첫사랑의 신선함은 우리에게 능력을 주며, 그 어떤 것으로도 대신할 수 없습니다. 그분을 우리의 중심에 두고 사랑과 기쁨으로 유지하는 인격적인 관계를 기대하십시오. 그리스도의 사역자여, 당신의 사역이 사랑하는 일이고 헌신하는 일인지 살펴보십시오.

두아디라 교회에 하신 말씀입니다.
"내가 네 사업과 사랑과 믿음과 섬김과 인내를 아노니 네 나중 행위가 처음 것보다 많도다 그러나 네게 책망할 일이 있노라 자칭 선지자라 하는 여자 이세벨을 네가 용납함이니 그가 내 종들을 가르쳐 꾀어 행음하게 하고 우상의 제물을 먹게 하는도다"(계 2:19,20)

주님은 두아디라 교회에게 "네 나중 행위가 처음 것보다 많도다"라고 하시면서 칭찬하셨습니다. 그러나 그들에게는 잘못이 있었는데, 음행과 우상숭배를 거짓되게 용납했다는 것입니다. 그리고 주님은 "모든 교회가 나는 사람의 뜻과 마음을 살피는 자인 줄 알지라 내가 너희 각 사람의 행위대로 갚아 주리라"라고 하시며 심판의 말씀을 더하셨습니다. 선한 일을 열심히 한다면서 거짓된 것을 형성하여 교회를 위험에 빠뜨리는 악을 행하는 자가 있을 수 있습니다.

에베소 교회가 정통교리를 지키는데 열심이면서 사랑이 부족했다면, 두아디라 교회는 거짓을 물리치는 신실함이 결여되어 있었습니다. 선한 일이 주님을 기쁘게 하고, 우리 삶이 선한 일을 하면서 조화로워야 한다면, 세상의 유혹에서 완전히 구별된 삶을 살면서 주님이 우리에게 선한 일을 굳건하게 해주신다는 말씀의 약속을 믿고 간구해야 합니다. 사역은 우리의 판단으로 결정하게 될 것입니다.

사데 교회에 하신 말씀입니다.
"내가 네 행위를 아노니 네가 살았다 하는 이름을 가졌으나 죽은 자로다 너는 일깨어 그 남은 바 죽게 된 것을 굳건하게 하라 내 하나님 앞에 네 행위의 온전한 것을 찾지 못하였노니"(계 3:1b,2)
능력이 없는 경건의 모양이 있을 수 있으며, 생명이 없는 종교단체의 활동이 있을 수 있습니다. 교회 안에 많은 사역이 있을 수는 있지만, 주님은 "나는 네가 하나님 앞에서 한 일을 하나도 발견하지 못했노라. 네가 한 일들은 하나도 하나님의 시험을 통과하지 못하고 하나님께 영적 제사로서 받아들여지지 않았노라"하고 말씀하실 것입니다. 에베소 교회에는 사랑의 행함이 부족했고, 두아디라 교회에는 순결의 행함이 부족했고, 사데 교회에는 생명의 행함이 부족했습니다.

빌라델비아 교회에 하신 말씀입니다.

"내가 네 행위를 아노니 네가 작은 능력을 가지고서도 내 말을 지키며 내 이름을 배반하지 아니하였도다… 네가 나의 인내의 말씀을 지켰은즉 내가 또한 너를 지켜 시험의 때를 면하게 하리니"(계 3:8,10)

예수님께서는 이 땅에 계셨을 때 "나의 계명을 지키는 자는 나를 사랑하는 자는… 나를 사랑하는 자는 내 말을 지킬 것이니라 내 아버지가 그를 사랑하리라"라고 말씀하셨습니다. 아무 책망도 받지 않은 빌라델비아 교회를 이렇게 표시할 수 있습니다.

"빌라델비아 교회의 주요 사역과 그 모든 사역의 법칙은 그리스도의 말씀을 지켰다는 것이고, 또한 정통 신조를 지켰을 뿐만 아니라 실제로 그것을 순종했다는 것입니다."

빌라델비아 교회의 행위를 감하지 맙시다. 그들의 행위가 우리의 행위의 표시이며 정신이 되게 하시기 바랍니다. 그리고 그리스도의 말씀을 지킵시다. 주님의 뜻에 전적으로 순응하는 사람은 상을 받게 될 것입니다.

라오디게아 교회에 하신 말씀입니다.

"내가 네 행위를 아노니 네가 차지도 아니하고 뜨겁지도 아니하도다 네가 차든지 뜨겁든지 하기를 원하노라… 네가 말하기를 나는 부자라 부요하여 부족한 것이 없다 하나 네 곤고한 것과 가련한 것과 가난한 것과 눈 먼 것과 벌거벗은 것을 알지 못하는 도다"(계 3:15,17)

행함이 없고 종교 활동이 없는 교회는 없습니다. 그러나 라오디게아 교회의 종교 활동에는 두 가지 표시가 있는데 '미지근함'과 '자기만족'입니다. 이것이 그들의 가치를 잃어버리게 하였습니다. 에베소 교회같이 라오디게아 교회는 새롭고 뜨거운 사랑의 필요만 가르치는 것이 아니라 심령이 가난해질 필요에 대해 가르치고 있습니다.

심령의 가난은 사역을 하면서 그리스도의 능력을 의지하기만 하려는 의식적인 약함을 일으켜 줍니다. 그리고 심령의 가난은 더는 그리스도 예수님을 문 앞에 서 있도록 하지 않고 그분을 마음 보좌에 모시게 합니다.

"나는 네가 한 일을 아노라"

일곱 교회의 행위를 시험하신 그분은 지금도 살아계셔서 우리를 지켜보십니다. 우리에게 부족한 것을 그분의 사랑 안에서 발견하셔서 때마다 일마다 알게 하시고 힘주시며, 하나님 앞에 사역을 완성할 수 있거록 그 길을 안내하시려고 준비하고 계십니다.
에베소 교회에서 그리스도를 향한 뜨거운 사랑의 교훈을 배웁시다. 두아디라 교회에서 순결과 악으로부터 구별됨을 배웁시다. 사데 교회에서 사역에 가치를 주는 진실한 삶의 필요를 배웁시다. 빌라델비아 교회에서 주님의 말씀을 지키는 것을 배웁시다. 라오디게아 교회에서 심령의 가난함 곧 하늘나라를 소유하고 그리스도께 마음의 보좌를 내어드리는 것을 배웁시다.

사역자들이여! 그리스도 앞에 살면서 사역합시다. 주님은 우리를 가르치시고 잘못을 바로잡게 하시며 도우실 것입니다. 그리고 때가 되면 우리의 사역에 대해 충만하게 하실 것입니다. 우리가 행하는 사역은 모두 우리 안에 계신 주님의 사역이기 때문입니다.

Insight

❶ 에베소 교회는 수고와 인내와 식지 않는 열심에 대해서 칭찬을 받았으나 첫사랑을 잃어버리고 말았습니다. 회개해야 합니다.

❷ 두아디라 교회에게 "네 나중 행위가 처음 것보다 많도다"라고 하시면서 칭찬하셨습니다. 그러나 그들에게는 잘못이 있었는데, 음행과 우상숭배를 거짓되게 용납했다는 것입니다.

❸ 능력이 없는 경건의 모양이 있을 수 있으며, 생명이 없는 종교 단체의 활동이 있을 수 있습니다. 사데 교회에는 생명의 행함이 부족했습니다.

❹ 빌라델비아 교회의 주요 사역과 그 모든 사역의 법칙은 그리스도의 말씀을 지켰다는 것이고, 또한 정통 신조를 지켰을 뿐만 아니라 실제로 그것을 순종했다는 것입니다.

❺ 라오디게아 교회의 종교 활동에는 두 가지 표시가 있는데 '미지근함'과 '자기만족'인데, 이것이 그들의 가치를 잃어버리게 하였습니다.

❻ 일곱 교회의 행위를 시험하신 그분은 지금도 살아계셔서 우리를 지켜보십니다. 우리에게 부족한 것을 그분의 사랑 안에서 발견하셔서 하나님의 사역을 완성할 수 있도록 안내하기 위해 준비하고 계십니다.

세상의 유혹에서 완전히 구별된 삶을 살면서
주님이 우리에게 선한 일을 굳건하게 해주신다는
말씀의 약속을 믿고 간구해야 합니다.
사역은 우리의 판단으로 결정하게 될 것입니다.

- 앤드류 머리, 227쪽 중에서 -

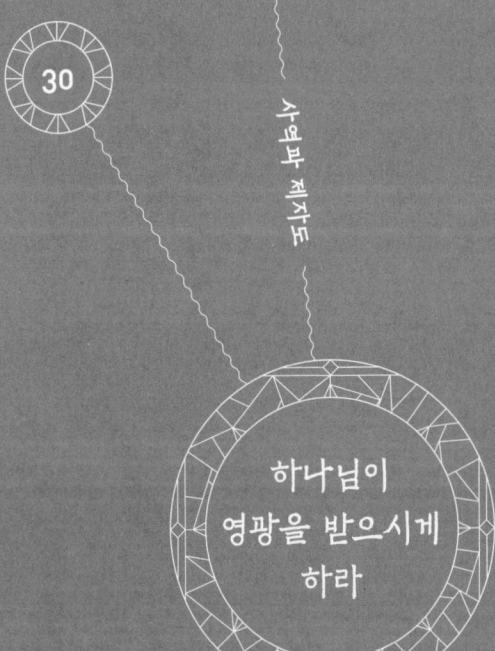

30

수요바체기도

하나님이
영광을 받으시게
하라

하나님이 영광을
받으시게 하라

만일 누가 말하려면
하나님의 말씀을 하는 것 같이 하고
누가 봉사하려면 하나님이 공급하시는
힘으로 하는 것 같이 하라
이는 범사에 예수 그리스도로 말미암아
하나님이 영광을 받으시게 하려 함이니
그에게 영광과 권능이 세세에 무궁하도록
있느니라 아멘 {벧전 4:11}

사역은 '일'만을 말하는 것이 아닙니다. 무엇이 사역의 가치인가에 달려 있습니다. 사역을 명하는 사람이나 사역자의 목적이 곧 사역의 진정한 가치입니다. 사역자가 사역의 목적을 선명하게 알아차릴수록 그 사역의 리더로서 가장 적합한 사람일 것입니다.

멋진 건물을 건축할 때, 일일 노동자는 단순히 삯꾼처럼 일당을

버는 데 목적을 둡니다. 전문적인 석수장이는 일일 노동자보다 더 나은 목적을 가지고 있습니다. 그는 자기 일에 대해 아름다움과 완벽함을 생각합니다. 전문적인 석수장이는 이제 막 시작한 석수장이보다 더 넓은 안목을 가지고 있습니다. 그의 목적은 자신의 전문적인 기능을 진정성 있고 선하게 쓰임받기를 바랄 것입니다.

건물 세우는 일을 감독하고 진행하는 건축현장 감독은 높은 목적이 있습니다. 건물이 자기의 계획에 따라 설계도대로 잘 세워지는 데 목적을 둡니다. 설계사의 목적은 더 높은 데 있습니다. 그는 예술적 심미안이 건물 모습으로 아름답게 구현하고자 합니다. 우리는 건물주에게서 건축물의 목적을 발견하게 됩니다. 그는 시민들에게 유익한 선물로서 그 웅장하고 아름다운 건축물을 공개할 것입니다.

무엇보다 건물을 짓기 위해 참여한 모든 일꾼들은 건축의 참된 목적을 추구하며 성실하고 정직하게 일했을 것입니다. 일꾼의 생각이 옳고 관심이 클수록, 더 중요한 역할을 감당하게 되고, 그 일을 통해 더 큰 기쁨을 얻었을 것입니다.

베드로는 우리가 어떤 목적으로 사역에 임해야 하는지에 대해

"범사에 예수 그리스도로 말미암아 하나님이 영광을 받으시게 하려 함이라"하고 말합니다. 가장 겸손한 일꾼은 돈을 위해서 일하는 것이 아니라 사랑을 위해서 하나님의 일을 합니다. 하나님의 계획에 합당하게 일합니다.

그리고 그는 하나님께서 일하시는 위대한 목적에 대한 충분한 식견을 가지고 있습니다. 그 목적은 하나님께서 영광을 받으시게 하는 것입니다.

이것은 천국의 위대한 사역자이며 모든 사역의 근원이자 주인이신 하나님의 목적인데, 이는 그분의 사랑의 영광과 권능과 축복이 나타나게 하기 위함입니다. 이것이 이 땅에서 인성으로 사셨던 위대하신 사역자이며 모든 사역의 모범이며 지도자이신 그리스도의 목적입니다.

이것은 베드로가 본문 성구에서 "하나님이 공급하시는 힘"이라고 불렀던, 우리 안에 함께하시는 성령의 위대한 목적입니다. 이것이 우리의 신중하고 지성적인 목적이었다면, 사역은 진정한 수준에 오르게 되며, 우리가 하나님과 더불어 생명력 있는 교제를 하게 될 것입니다.

"범사에 예수 그리스도로 말미암아 하나님이 영광을 받으시게 하려 함이라"

이 말씀은 무슨 의미일까요? 하나님의 영광이란, 하나님만이 스스로 살아계신 분이라는 것입니다. 그러나 하나님의 생명은 사랑이기에, 하나님은 그분 자신만 위하려는 것이 아니라 그분 자신만큼 피조물을 사랑하십니다. 하나님의 영광은 그분 홀로 생명과 선과 행복의 샘 곧 영원히 흐르는 샘물입니다. 하나님의 피조물은 그분의 역사 안에서 영원한 샘물을 소유하며 그분 안에서 살아가야 합니다.

하나님께서 만유 안에 역사하시는 것이 하나님의 영광입니다. 그리고 하나님의 피조물과 자녀들이 드릴 수 있는 영광이란, 하나님께서 기꺼이 주신 것을 인식하고 하나님의 역사 안에서 일하는 사역자를 통하여 그분이 이루어가시는 것을 증거하는 것입니다.

이처럼 하나님께서는 우리 안에서 그분의 영광을 드러내십니다. 우리가 하나님께 나아가 그분을 위한 사역에 순종하고 기쁨과 즐거움으로 일할 때 그분께 영광을 돌리는 것입니다.

하나님께서는 우리의 삶과 사역을 통해 영광 받으십니다. 우리는 하나님의 사역과 더불어 목적을 가지고 있는데, 이는 범사에 예수 그리스도 이름으로 하나님께서 영광 받으시게 하려는 것이며, 그분에게 영광과 권능이 영원무궁하다는 것을 알게 하기 위함입니다.

베드로가 말한 그리스도인의 사역을 고귀하고 신성하게 만들어 주는 정신을 보십시오.

"만일 누가 말하려면 하나님의 말씀을 하는 것 같이 하고 누가 봉사(성도들이나 궁핍한 사람들을 섬기는 일)하려면 하나님이 공급하시는 힘으로 하는 것 같이 하라."

나는 하나님의 일은 우리 안에서 역사하시는 성령의 능력 곧 하나님의 능력 안에 행해질 수 있다는 것을 믿습니다. 성령께서 임재하심으로서 내 안에 계시면서 나의 사역이 하나님 아버지의 일임을 확실히 믿습니다.

나는 인간적 의지와 노력으로 사역함으로써 내 사역에 가장 필요한 하나님의 역사를 잃게 되는 것이 두려울 뿐, 그 외에 아무것도 두렵지 않습니다. 나는 하나님을 절대적으로 의지하게 하는 나의 약함을 자랑할 것입니다. 그리고 하나님의 능력이 나를 완전히 사로잡기를 기도하며 사모합니다.

하나님께서 공급하시는 힘으로 봉사할 것이며, 예수 그리스도의 이름으로 하나님께서 범사에 모든 영광을 홀로 받으시도록 할 것입니다.

힘이 되시는 하나님을 당신이 더욱 의지할수록, 하나님께서 더 영광을 받으실 것입니다. 하나님의 목적이 당신의 목적이 되게 할수록, 당신은 하나님의 인도하심과 능력과 사랑에 당신 자신을 더욱 내어드리는 것입니다.

오, 가장 약한 자들과 함께하는 사역자들은 사역의 고귀함이 무엇인지, 사역이 그들의 삶에 어떠한 새로운 영광을 가져다주는지, 그 영혼을 위해 사역하는 것의 얼마나 긴급하고 얼마나 기쁨이 되는지를 보아야 합니다. 하나님이 목적이 우리를 지배할 때, 범사에 예수 그리스도 이름으로 하나님께서 영광을 받으시게 될 것입니다.

Insight

❶ 창조자로서 하나님의 영광은 인간을 그분 형상대로 지으신 것입니다. 구원자로서 하나님의 영광은 인간들을 구원하시려고 그분이 하신 일과 우리를 하나님께 인도하신 것입니다.

❷ 이 영광은 주님의 거룩한 사랑이며, 우리 마음에서 죄를 사하시고 우리 마음에 거하십니다.

❸ 우리가 하나님께 영광드릴 수 있는 유일한 길은 우리를 그분의 소유되게 하려고 베푼 하나님의 구원 사역에 우리를 내어드리는 것입니다.

❹ 하나님께 영광을 돌리는 것이 우리 인생의 마지막 일이 되도록 합시다. 우리는 그분께서 공급하시는 능력으로 그분을 위해서 살아야 합니다. 그리고 그분의 영광을 알고 그 영광을 위하여 살기 위하여 영혼들을 구원해야 합니다.

❺ 주님, 하나님께서 우리에게 공급하시는 능력으로 주님을 섬길 수 있도록 가르쳐 주시옵소서. 그리하여 하나님께서 예수 그리스도로 인하여 만유 안에서 영광을 받으시게 하옵소서. 세세 무궁하도록 영광이 주님에게 있습니다. 아멘.